中财传媒版 2020年注册会计师全国统一考试辅导系列丛书

公司战略与风险管理全真模拟试题

财政部中财传媒 注册会计师考试辅导丛书编写组 编

中国财经出版传媒集团
中国财政经济出版社

图书在版编目（CIP）数据

公司战略与风险管理全真模拟试题／财政部中财传媒 注册会计师考试辅导丛书编写组编．－－北京：中国财政经济出版社，2020.3

（中财传媒版2020年注册会计师全国统一考试辅导系列丛书）

ISBN 978－7－5095－9618－0

Ⅰ.①公… Ⅱ.①财… Ⅲ.①公司－企业管理－资格考试－习题集②公司－风险管理－资格考试－习题集 Ⅳ.①F276.6－44

中国版本图书馆CIP数据核字（2020）第029401号

责任编辑：钱红叶　　　　责任校对：徐艳丽

中国财政经济出版社 出版

URL：http：//www.cfeac.com

社址：北京市海淀区阜成路甲28号　邮政编码：100142

营销中心电话：010－88191522

天猫网店：中国财政经济出版社旗舰店

https：//zgczjjcbs.tmall.com

北京文昌阁彩色印刷有限责任公司印刷　各地新华书店经销

787×1092毫米　16开　10印张　241 000字

2020年3月第1版　2020年3月北京第1次印刷

定价：28.00元

ISBN 978－7－5095－9618－0

（图书出现印装问题，本社负责调换）

质量投诉电话：010－88190744

打击盗版举报热线：010－88191661、QQ：2242791300

前言 Preface

为帮助广大考生全面理解2020年注册会计师考试大纲和考试教材内容，在有限的复习时间内掌握教材的重、难点知识，顺利通过考试。中国财经出版传媒集团组织常年从事注册会计师考试辅导的名师、专家编写了“中财传媒版2020年注册会计师全国统一考试辅导系列丛书”。该系列丛书包括“应试指导”“要点随身记”“通关题库”和“全真模拟试题”四个系列，涵盖了专业阶段考试的六个科目，即会计、审计、财务成本管理、经济法、税法和公司战略与风险管理。

1.“应试指导”系列：紧扣2020年考试大纲和考试教材内容，考点精炼、结构合理，对考试有极强的指导性，帮助考生全面掌握教材精髓。在编写结构的设计上，根据考生的学习特点和备考要求，分为“命题规律及考试趋势预测”“各章考点精讲精练”“跨章节综合题演练”三个部分。

2.“要点随身记”系列：根据每章重要考点整理而成的备考“红宝书”，涵盖知识点全面，易于携带，旨在帮助考生更便捷地预习、复习和记忆考点内容，合理利用碎片化的时间，积少成多，掌握记忆教材核心知识点。

3.“通关题库”系列：包含大量针对性极强的练习题和对应的答案解析，帮助考生通过习题演练巩固理解知识点，更熟练地应用教材知识点解决实际题目中的问题。

4.“全真模拟试题”系列：在对历年考试试题进行分析归纳和命题趋势总结的基础上，由多名具备注册会计师资格的辅导专家精心设计了八套全真模拟试题，考生可以在充分复习教材内容的基础上，按照模拟考试时间及要求，进行热身训练，积累实战经验。

注册会计师考试辅导书市场品种繁多，但质量良莠不齐。考生在选择教辅时常常陷入盲目。该系列丛书利用作为教材出版单位的独特优势，在第一时间邀请注册会计师考试辅导专家编写，秉承“应试”“精练”的核心思想，力求帮助考生以最少的精力取得最大的效果，实现高效学习、顺利通关，是考生学习备考的第一选择。

最后，衷心祝愿各位考生顺利通过2020年注册会计师考试。

编写组

2020年3月

Contents

目录

2020 年注册会计师全国统一考试《公司战略与风险管理》

全真模拟试题（一）…………………………………………………………………………（1）

2020 年注册会计师全国统一考试《公司战略与风险管理》

全真模拟试题（一）参考答案及解析……………………………………………………（11）

2020 年注册会计师全国统一考试《公司战略与风险管理》

全真模拟试题（二）…………………………………………………………………………（19）

2020 年注册会计师全国统一考试《公司战略与风险管理》

全真模拟试题（二）参考答案及解析……………………………………………………（29）

2020 年注册会计师全国统一考试《公司战略与风险管理》

全真模拟试题（三）…………………………………………………………………………（37）

2020 年注册会计师全国统一考试《公司战略与风险管理》

全真模拟试题（三）参考答案及解析……………………………………………………（48）

2020 年注册会计师全国统一考试《公司战略与风险管理》

全真模拟试题（四）…………………………………………………………………………（58）

2020 年注册会计师全国统一考试《公司战略与风险管理》

全真模拟试题（四）参考答案及解析……………………………………………………（69）

2020 年注册会计师全国统一考试《公司战略与风险管理》

全真模拟试题（五）…………………………………………………………………………（81）

2020 年注册会计师全国统一考试《公司战略与风险管理》

全真模拟试题（五）参考答案及解析……………………………………………………（91）

2020年注册会计师全国统一考试《公司战略与风险管理》
全真模拟试题（六） …………………………………………………………（100）
2020年注册会计师全国统一考试《公司战略与风险管理》
全真模拟试题（六）参考答案及解析 ……………………………………（111）
2020年注册会计师全国统一考试《公司战略与风险管理》
全真模拟试题（七） …………………………………………………………（120）
2020年注册会计师全国统一考试《公司战略与风险管理》
全真模拟试题（七）参考答案及解析 ……………………………………（129）
2020年注册会计师全国统一考试《公司战略与风险管理》
全真模拟试题（八） …………………………………………………………（138）
2020年注册会计师全国统一考试《公司战略与风险管理》
全真模拟试题（八）参考答案及解析 ……………………………………（147）

2020年注册会计师全国统一考试《公司战略与风险管理》全真模拟试题（一）

一、单项选择题（本题型共24题，每题1分，共24分。每题只有一个正确答案，请从每题的备选答案中选出一个你认为正确的答案。）

1. 企业所处外部环境变化迅速，企业只有在变化中不断调整战略，加强风险管控和对突发情况的应变，才能获得并持续强化竞争优势。根据以上描述，下列不属于公司战略现代概念所强调的属性的是（　　）。

A. 应变性　　B. 全局性　　C. 竞争性　　D. 风险性

2. 华蓓公司是Y市一家生产婴幼儿用品的企业。各年来，公司在Y市婴幼儿用品市场拥有稳定的市场占有率。为了巩固其竞争优势，华蓓公司运用竞争性定价阻止竞争对手进入其经营领域。华蓓公司所采取的组织的战略类型属于（　　）。

A. 防御型战略组织　　B. 反应型战略组织

C. 开拓新战略组织　　D. 分析型战略组织

3. 丙公司是生产经营电脑业务的跨国公司，其组织按照两维结构设计，一维是按照业务专业化原则设立业务运营中心，它们对应客户需求来组织管理团队；另一维是按照职能专业化原则设立区域组织，它们为业务单位提供服务和管理。根据上述情况，适合丙公司选择的最佳组织结构类型是（　　）。

A. 职能制组织结构　　B. 事业部制组织结构

C. 战略业务单位组织结构　　D. 矩阵制组织结构

4. 从事苹果种植与销售的秋实公司于2018年率先采取了一种新的经营方式，在种植区内增设了园林景观、运动场、游戏场等，到秋收季节，顾客可前来付费进行休闲娱乐等活动，同时能以市场最低的价格采摘和购买苹果。顾客采摘和购买的苹果达到一定数量，可免费参加休闲娱乐活动。这一经营方式受到市场的热捧。秋实公司采用的上述战略属于（　　）。

A. 成本领先战略　　B. 差异化战略

C. 集中化战略　　D. 混合战略

5. 由于被报道全球分店使用含牛肉调味剂的油脂剂做法式薯条，该连锁公司几乎被迫撤离印度市场。众所周知，印度将牛作为圣物。出现该事件后，该公司表示将推出全素的餐厅，这表明该公司不愿意放弃印度市场，为吸引顾客不断做出改进。这说明该连锁公司在战略分析中考虑了（　　）。

A. 政治和法律因素　　B. 社会和文化因素

C. 技术因素　　D. 经济因素

6. 甲公司是一家婴幼儿手推车生产商，最近甲公司通过市场调查发现，一些双胞胎小孩的家庭，在带小孩出行时要买两辆手推车才行，很不方便，于是通过研究设计出一款能够同时放两个小孩的手推车，专门满足那些有双胞胎小孩的家庭。根据以上信息判断，甲公司采用这种竞争战略的实施条件是（　　）。

A. 目标市场在市场容量、成长速度、获利能力、竞争强度等方面具有相对的吸引力

B. 在目标市场上，没有其他竞争对手采用类似的战略

C. 顾客的需求是多样化的

D. 购买者群体之间在需求上存在差异

7. 甲公司是一家小型制造企业，受规模限制，该企业一直采用低成本的战略，通过招聘娴熟的工人，加强培训，以提高生产效率，该公司的产品在市场上一直很有竞争力。但近年来，甲公司发现市场上竞争对手同类产品价格越来越低，尤其是某些大型企业，通过引进先进的技术与生产设备，批量生产，这样相对甲公司主要靠人工操作而言，生产成本更具优势。以上信息表明，甲公司采用成本领先战略的风险是（　　）。

A. 目标市场狭小导致难以盈利

B. 技术的变化使得原来的成本优势消失

C. 竞争对手模仿

D. 市场需求发生变化

8. 根据2013年修订发布的COSO内部控制框架，以下不属于控制环境要素应当坚持的原则是（　　）。

A. 企业对诚信和道德价值观作出承诺

B. 董事会独立于管理层，对内部控制的制定及其绩效实施监控

C. 管理层在董事会的监控下，建立目标实现过程中所涉及的组织架构、报告路径以及适当的权力和责任

D. 企业全部精力致力于投资，以配合企业目标达成

9. 甲公司是一家大型炸鸡连锁餐饮企业，业务遍及全球多个国家。各家分店除经营传统产品炸鸡之外，还向顾客提供包括汉堡、薯条、饮料等在内的多种食品，并采用全球标准进行控制。考虑到各地饮食习惯上的差异，甲公司还在中国、墨西哥、日本等国家推出了具有当地特色的小吃，以吸引更多的顾客。这种国际化模式称为（　　）。

A. 多国本土化战略　　B. 跨国战略

C. 全球化战略　　D. 国际战略

10. 甲公司在实施全面风险管理过程中，注重加强法制教育，增强董事、监事、经理及其他高级管理人员和员工的法制观念，严格依法决策、依法办事、依法监督。甲公司的上述做法所涉及的内部控制要素是（　　）。

A. 控制环境　　B. 风险评估　　C. 监控　　D. 控制活动

11. 甲公司是一家工程咨询协会，主要职责是承担工程行业咨询管理工作；组织研究有关促进经济建设和工程项目的技术进步；组织交流和推广先进的工程咨询经验和管理经验，评选和表彰在工程咨询中突出的单位和个人，举办有关技术、经济和工程咨询业务的专题讲座、培训班、研讨会；推进工程咨询信息网的建设。甲公司存在的目的主要是为其成员的需要服务，企业是其员工的下属，企业的生存也依赖于员工。从企业文化类型的角度看，下列说法正确的是（　　）。

A. 甲公司适合采用角色导向型企业文化

B. 这类文化具有很强的适应性，个人能高度控制自己分内的工作

C. 这类文化的企业为其专业人员提供他们自己不能为自己提供的服务，职权往往是多余的

D. 这类企业中的掌权人试图对下属保持绝对控制，企业组织结构往往是传统框架

12. 厨具生产商佳乐公司为了分散经营风险，开展多元化经营，投资了一个环保项目。由于对该项目的前期调研不够充分，相关信息搜索不足，公司管理人员在分析项目运营风险时，无法判断风险发生的概率。在这种情况下，佳乐公司应采取的风险度量方法是（　　）。

A. 期望值　　B. 在险值　　C. 最大可能损失　　D. 概率值

13. D公司是一家从手工作坊起家的企业，随着规模的扩大，公司的员工已经超过1 000人，但是公司只有总经理和部门经理两个层次的管理层。从纵向分工结构的角度，该公司的组织结构类型属于（　　）。

A. 高长型组织结构　　B. 扁平型组织结构

C. 职能制组织结构　　D. 创业制组织结构

14. 以下关于价值链说法错误的是（　　）。

A. 价值链分析适用于多元化经营企业对企业资源能力进行考察

B. 价值活动的联系既存在于企业价值链内部，也存在于企业和企业的价值链之间

C. 价值链将企业的生产经营活动分为基本活动和支持活动

D. 选择或构筑价值链各项活动之间的最佳联系方式，有利于提高价值创造和战略能力

15. 睿祥公司创业初期主营手机业务，后来成长为一家涵盖众多消费电子产品和软硬件的互联网企业。本案例体现了睿祥公司（　　）。

A. 宗旨的变化　　B. 经营哲学的变化

C. 战略层次的变化　　D. 公司目的的变化

16. 美国的世界性连锁零售企业W公司通过和供货商之间构筑有效的自动补货系统，使供货商能够对其所供应的各类货物在门店的库存、销售情况了如指掌，从而自动跟踪补充各门店的货源。由于可以快速补充库存，W公司无须在仓库中保存大量库存，供货商承担了部分管理零售库存的任务，使W公司可以降低库存成本。其他职能领域同样如此，较低的运营成本使得W公司能够以比其他商店更低的价格销售商品。W公司运用信息技术实施的战略是（　　）。

A. 成本领先战略　　B. 差异化战略　　C. 集中化战略　　D. 集中差异化战略

17. 甲公司是一家生产遮阳伞的企业，公司在保留原有业务的同时，进入雨具生产业

务，从风险管理战略角度看，甲公司采取的策略是（　　）。

A. 风险转换　　B. 风险对冲　　C. 风险补偿　　D. 风险规避

18. 下列关于企业利益相关者与其利益期望的说法中，错误的是（　　）。

A. 企业的股东属于内部利益相关者，其主要利益期望是资本收益

B. 企业员工属于内部利益相关者，其主要的利益期望是个人收入与职业稳定的极大化

C. 政府部门属于外部利益相关者，其主要的利益期望是企业能够承担一系列的社会责任

D. 债权人属于外部利益相关者，其主要的利益期望是企业有理想的现金流量管理状况，以及较高的偿付贷款和利息的能力

19. 瑞安保险公司依托医疗大数据智能化管理系统，将来自保险机构、医院和药房的诸如疾病发病率、治疗效果和医疗费用等方面的大数据及时进行“提纯”和整合，对潜在目标客户进行精细化管理，从而实现对健康保费的有效控制。本案例主要体现的大数据特征是（　　）。

A. 大量性　　B. 多样性　　C. 价值性　　D. 高速性

20. 宏远海运公司为了加强对损失事件的管理成立了一家附属机构，其职责是用母公司提供的资金建立损失储备金，并为母公司提供保险。宏远海运公司管理损失的方法是（　　）。

A. 专业自保　　B. 保险　　C. 损失融资　　D. 风险成本

21. 根据《企业内部控制应用指引第 6 号——资金活动》，以下需要关注的主要风险（　　）。

A. 固定资产更新改造不够，资产价值贬值

B. 筹资决策不当，引发资本结构不合理

C. 无形资产缺乏核心技术，缺乏可持续发展能力

D. 存货积压，导致流动资金占用过多

22. 某公司拟进行组织架构重组工作，其中设立审计委员会是一项重要的工作内容。在选拔审计委员会成员时，公司拟定以下候选人员，下列符合公司审计委员会任职资格的是（　　）。

A. 公司总会计师　　B. 公司经营副总裁

C. 公司财务总监　　D. 某退休大学教授

23. 甲公司是一家海运公司，为了转移公司与海关相关的船舶、货物、运营的损失及对他人的责任，该公司与某保险公司签订了一项金融合约，约定当风险发生时由保险公司承担相应的损失，但是作为补偿该公司应该向保险公司支付一定的保险费。甲公司进行损失事件管理的手段属于（　　）。

A. 风险资本　　B. 应急资本　　C. 保险　　D. 专业自保

24. 下列关于信息系统的说法中，错误的是（　　）。

A. 企业开发信息系统，可以采取自行开发、外购调试、业务外包等方式

B. 对异常的或违背内部控制要求的交易数据，应当设计由系统自动报告并设置跟踪处理机制

C. 信息部门主管可直接接触企业的关键信息设备

D. 企业应当建立信息系统安全保密和泄露责任追求制度

二、多项选择题（本题型共 14 题，每题 1.5 分，共 21 分。每题均有多个正确答案，请从每题的备选答案中选出你认为正确的所有答案。每题所有答案选择正确的得分；不答、错答、漏答均不得分）

1. 甲公司是一家生产空调的民营企业。公司创办人经过分析后，决定进军汽车制造业。甲公司在决定是否选择该战略时，可以考虑的最终战略选择方法有（　　）。

A. 根据企业目标选择战略　　B. 提交上级管理部门审批

C. 聘请外部机构　　D. 提请职工大会讨论

2. 按照波特的五力分析模型，下列各项因素中，可能对某家航空公司获取行业竞争优势产生不利影响的有（　　）。

A. 由于廉价航空公司兴起，使得机票价格大幅降低

B. 由于许多大型国际企业采用视频会议管理跨国业务，使得商务航空服务需求降低

C. 航空产业的行业增长率处于下降趋势

D. 进入航空业需要大量的资本投入

3. 以生产、销售多种石化产品为主业的东昌公司对本企业的经营活动和人员，按照北方区域和南方区域进行划分。公司总部负责计划、协调和安排资源，区域分部负责所在区域的所有经营活动、产品销售和客户维护。下列各项中，属于东昌公司组织结构优点的有（　　）。

A. 能实现更好更快的地区决策

B. 可以削减差旅和交通费用

C. 易于处理跨区域的大客户的事务

D. 可以避免管理成本的重复

4. 甲公司是一家手机制造商，一直以来都采用一种竞争战略，致力于让顾客以最低的价格买到最高配置的手机，成为行业中最低成本的手机制造商。甲公司采用这种竞争战略的优势有（　　）。

A. 形成进入障碍　　B. 保持领先的竞争地位

C. 降低顾客敏感程度　　D. 降低替代品的威胁

5. 乙公司是一家集科、工、贸于一体的综合性国有工程承包与设备成套公司。长期以来，公司存在着信息孤岛、信息披露不及时、集团监管乏力等方面的诸多问题。为实现整个集团企业效益目标，事中事后的及时控制与调整，该公司可以采用的管理方式有（　　）。

A. 零基预算　　B. 增量预算　　C. 活动预算　　D. 责任预算

6. 甲公司为一家火锅餐饮企业，与传统火锅店不同的是，在提供用餐服务的同时，还为顾客免费提供美甲、拖鞋以及擦拭眼镜等服务，该经营模式取得了成功，不属于甲公司实施蓝海战略的路径有（　　）。

A. 跨越战略群体　　B. 跨越时间

C. 重新界定买方群体　　D. 重设客户的功能性或情感性诉求

7. 受经济环境以及自身经营业绩的影响，W 食品集团确定从扩张战略改为收缩战略，将企业经营不善的房地产业务出售，并对本企业具有竞争力的食品业务进行改革，对原有分割的状态进行整合，建立三大食品业务部，由企业总部统一管理。根据以上信息，判断 W

食品公司进行战略变革的类型包括（　　）。

A. 技术变革　　B. 产品和服务变革

C. 结构和体系变革　　D. 人员变革

8. 甲公司是一家上市公司，其管理者正在梳理公司可能面临的财务风险，在讨论过程中，以下说法正确的有（　　）。

A. 总经理认为，财务部应该负责采用有效的方法，杜绝财务风险发生

B. 销售经理认为，公司多采用赊销方式销售，产品从销售到回收的过程存在资金回收的财务风险

C. 财务经理认为，公司当前资产负债率过高，主要财务风险来自债务的到期还本付息压力

D. 项目经理认为，目前拟上马的一个新项目，是否能够达到预期收益效果未知，可能影响企业盈利水平，也存在财务风险

9. 可口可乐瑞典饮料公司（CCBS）正在其不断发展的公司中推广平衡记分卡的概念。若干年来，可口可乐公司的其他子公司已经在做这项工作，但是，总公司并没有要求所有的子公司都用这种方式来进行报告和管理控制。平衡计分卡的内容有（　　）。

A. 财务角度　　B. 顾客角度

C. 内部流程角度　　D. 创新与学习角度

10. 甲公司是一家煤炭企业集团。近年来，煤炭产品的客户对性价比的要求很高；各煤炭企业的产品差别很小，价格差异缩小且处于很低水平，产品毛利很低，只有大规模生产并有自己销售渠道的企业才具有竞争力；大量中小煤炭企业陆续退出市场。在该产业发展的现阶段，甲公司具备的财务特征有（　　）。

A. 经营风险低　　B. 财务风险高

C. 股价稳定　　D. 资金来源于保留盈余和债务

11. Z公司是一家家电制造企业，Z公司根据五力分析模型对其所处的行业环境进行分析，分析结果表明Z公司的议价能力较强。下列选项中，能够支持Z公司的分析结果的有（　　）。

A. 市场上能够提供Z公司所需原料的供应商众多

B. Z公司一直以来想要实现后向一体化战略，但是都没有成功

C. Z公司高薪聘请了一批谈判技巧很高的采购人员

D. Z企业是某供应商最大的客户，Z的采购量占其可供应总量的60%以上

12. 甲公司是在上海证券交易所上市的钢铁生产企业。甲公司60%以上的铁矿石从巴西淡水河谷公司进口。甲公司的长期债务中，长期银行借款占80%。下列各项中，属于甲公司在日常经营中面临的市场风险的有（　　）。

A. 利率风险　　B. 汇率风险　　C. 商品价格风险　　D. 股票价格风险

13. 对于重大缺陷和重要缺陷的整改方案，应该向（　　）报告并审定。

A. 董事会　　B. 监事会　　C. 经理层　　D. 审计委员会

14. 以生产、销售多种石化产品为主业的东昌公司对本企业的经营活动和人员，按照北方区域和南方区域进行划分。公司总部负责计划、协调和安排资源，区域分部负责所在区域的所有经营活动、产品销售和客户维护。下列各项中，属于东昌公司组织结构优点的有（　　）。

A. 可以削减差旅和交通费用
B. 能实现更加更快的地区决策
C. 可以避免管理成本的重复
D. 易于处理跨区域的大客户的事务

三、简答题（本题型共 4 小题 30 分。其中一道小题可以选用中文或英文解答，请仔细阅读答题要求。如果用英文解答，须全部使用英文，答题正确的，增加 5 分。本题型最高得分为 35 分。在答题卷上解答，答在试题卷上无效）

1.（本小题 8 分）

日升公司于 1995 年成立，1996 年在国内设立生产基地，建设了五个制造厂房。日升公司最初主要从事 OEM 代工业务，为 M 国的客户 FC 公司贴牌生产家具配套及小巧家具组件。之后，公司业务扩展至餐厅及卧房家具，成为国内首家生产卧房家具的企业。1998 年，日升公司单月出货量从 100 个货柜大幅提升至 300 个货柜，制造能力远远超过昔日家具业的龙头老大。

1999 年以前，日升公司的家具几乎全部外销，只做 OEM 代工业务而没有自己的品牌。公司在低附加值的经营中认识到打造自身品牌的重要性。1999 年 3 月，曰升公司在 M 国组建公司并创立公司品牌“LC”，主要从事中低端家具的生产和销售。然而，日升公司在 M 国自创品牌的成效并不显著。于是，公司先后实施四次跨国并购，获取了欧美知名企业的品牌、渠道、研发设计及制造能力等战略性资产，实现了从 OEM 向原始设计制造商 OBM 的升级。

2001 年，日升公司斥资完成对原委托方 FC 公司的收购，直接进入 M 国中高档家具市场。

2005 年日升公司成功上市。上市后，公司市值从 2004 年的 1.37 亿美元跃升至 2005 年的 3.69 亿美元，增长 2.69 倍。

在强大的资金和产能支持下，日升公司于 2006 年至 2008 年又先后收购国际三大品牌家具制造商。四次跨国收购使日升公司的产品组合由单一的中低端木制家具拓展为包含中低端、高端、顶级木制家具，以及沙发、酒店家具的组合，销售市场由 M 国扩展到欧洲。2000 年和 2008 年，在国内设立研发中心的基础上，日升公司又分别在 M 国和欧洲设立了研发中心。

2007 年以来，全球经济环境发生了很大变化。出于对国内市场潜力的判断，日升公司适时调整经营策略，决定在巩固海外市场的同时，进军国内市场。多年的国际化经历使日升公司在生产、设计、销售方面储备、积累了大量人才和经验。2008 年日升公司在国内展会上全面亮相，展出专门针对国内市场开发的三大品牌“日升家居”“日升家园”“日升屋”。2009 年 9 月在国内建成了日升国际风尚馆。

日升公司在原有多个知名品牌的基础上，运用特许经营品牌、针对细分客户设立新品牌等策略，进一步巩固日升公司的 OBM 业务。2010 年，开展酒店家具业务，并在 J 国和 N 国设立生产基地。2009 年、2012 年，先后推出特许品牌“PDH”和“PDK”；2011 年，推出青年家具品牌“SM”；2012 年，M 国日升推出特许品牌“MH”；2013 年，推出特许品牌“WB”；2014 年，推出婴儿家具品牌“SB”。日升公司的 OBM 业务约占总业务的 90%。目前，日升公司在国内18个城市23家门店销售产品。国际市场仍然是日升公司的主要市场。

要求：

（1）简要分析日升公司“从OEM向OBM升级”所采用的发展途径。

（2）简要分析日升公司“从OEM向OBM升级”所显示的企业能力。

2.（本小题8分）

甲公司为从事石油化工及投资的大型企业。甲公司下属子公司乙公司于2010年在中国香港地区成功发行股票并上市。2013年9月乙公司购入总部位于英国的丙公司4.2%的股份。

经过与丙公司的接触，乙公司认为，全面收购丙公司符合其长远发展目标。丙公司在尼日利亚的全资子公司是其营业收入和净利润的主要来源，经营石油开采、管道运输、加工、销售等石油化工相关的业务，拥有的油气储量占尼日利亚已探明油气储量的五分之一。丙公司于2012年初在伊拉克以15亿英镑的价格购买了新的油田，目前正在进行深入勘探。对于丙公司购买的伊拉克油田，很多股东对该油田储量的预测并不乐观，导致丙公司的股票价格自2012年开始一直低于每股15英镑。

2014年4月7日，乙公司认为收购丙公司的时机已经成熟。因而向丙公司的股东发出收购要约，拟以每股18英镑的价格收购丙公司其他股东持有的全部股份，该收购价格比报价前20个交易日丙公司股票的平均收盘价格高出25%。在乙公司发布要约收购丙公司消息的当天，丙公司股票价格大幅上涨，报收于每股19英镑。并且，英国政府相关监管部门表示，将密切关注乙公司收购丙公司事宜。

要求：

（1）简要分析乙公司作出收购丙公司的决策时应当特别考虑的政治环境因素。

（2）简要分析乙公司收购丙公司可能存在的政治风险，并指出应对政治风险的主要可能措施。

（3）简要分析乙公司收购丙公司应当特别考虑的当前经济环境因素。

3.（本小题8分）

C公司是北京一家综合性会计师事务所，是经北京市财政局批准，依据《公司法》和《注册会计师法》设立的有限责任公司，成立于2005年，注册资本500万元，由甲乙丙三位合伙人组成。公司业务范围包括：企业会计报表审计；企业注册资本验证；办理企业合并、分立、清算事宜中的审计；经济效益、经营业绩专项审计；企事业单位领导任期经济责任审计；企事业单位领导离任审计；证券、期货相关业务审计；从事金融相关审计业务；国有及非国有资产评估；基本建设施工预决算审计验证；甲级工程造价咨询；财务咨询业务；法律、行政法规规定的其他审计业务。其主要业务对象是北京地区的大小企业，由三位合伙人分别负责不同的项目。经过几年的发展公司的规模不断扩大，由最初的几个人发展到现在的几十人。2009年，C公司会计报表审计业务的投资资本回报率为9%，销售增长率为12%，测算得到的加权平均资本成本为7%，可持续增长率为15%。

随着市场的发展，北京地区涌现出了大大小小的会计师事务所，三位合伙人开始考虑公司未来的发展方向，商议以后决定拓宽目标市场范围，以北京地区为中心开始向周边省市发展，并在几个重点城市建立了自己的办公区。截至2012年底，自北至南于沈阳、济南、郑州、武汉、合肥、上海、南昌、昆明、广州、深圳设立了分支机构。目前公司具有注册会计师、注册资产评估师、注册造价工程师、注册税务师等资格证书的各类执业人员 500 多名，平均年龄 32 岁，具有三年以上工作经验的专业人员近 80%。27 名合伙人均为年富力强的业内精英，在首席合伙人张先云先生的带领下，全体员工秉承苦练内功、严谨执业、开拓进取、服务至上的理念，刻苦学习，勤奋工作，打造一流的服务品牌，做精做专，全力为广大客户提供高品质的专业服务。

（1）依据财务战略矩阵理论，简要分析会计报表审计业务处于财务战略矩阵的哪个象限及相关的财务战略选择。

（2）简述产品—市场战略组合的战略类型，结合材料分析 C 公司选择的战略类型。

4.（本小题 8 分）

君豪是 C 国一家经济型酒店。随着市场竞争的日益激烈，该酒店客户收入不断下降、餐饮收入入不敷出，员工对酒店的绩效考核体系强烈不满。

君豪酒店目前的考核指标以财务指标为唯一考核依据，采用相互打分的方式，绩效考核仅仅实现了考核功能，但是员工并不清楚自己的工作对酒店的贡献。公司对员工所关注的高绩效回报没有客观的评价标准，绩效考核流于形式。据此君豪对发展战略进行了梳理，并根据平衡计分卡的四个维度，提取了下一年度酒店的关键绩效指标。

（1）提高酒店的净资产收益率，使之达到 1.8%。

（2）提高健康和安全系数，卫生清洁达标率为 100%，各系统设施设备维修及时率达 100%。

（3）客人投诉率下降 3%。

（4）增强酒店员工的企业意识，建立以绩效为导向的企业文化。

（5）完善各部门、各岗位工作标准化流程。

（6）经营成本得到有效控制，费用节省率达到 10%。

（7）引进本土国际化人才，走特色化、专业化的道路。

（8）强化品牌认知度，保持品牌忠诚度。

要求：

（1）根据平衡计分卡业绩衡量方法，对关键绩效指标进行分类。

（2）简要分析平衡计分卡业绩计量方法的作用。

四、综合题（本题型共 1 题，25 分。在答题卷上解答，答在试题卷上无效）

资料一：

2013 年 8 月 30 日，中国某石化集团国际石油勘探开发有限公司与美国某石油公司宣布双方正式建立全球战略合作伙伴关系。作为战略合作第一步，双方签署协议由石化公司收购其埃及油气资产 1/3 权益，收购价格为 31 亿美元。该项目的收购是该石化公司首次进入埃及油气资源市场。但是近年来埃及局势持续动荡，新领导人上任后未能改变埃及现状，有民调显示，埃及民众在新领导人上任百日之际已开始对其感到不满，半数以上埃及居民感到失望。2013 年 1 月 25 日，埃及“1·25 革命”两周年纪念日时，首都开罗和部分省市的流血冲突持续不断，这实质上是埃及各种社会矛盾的总爆发。此外埃政府部门政策变化较大，政策执行力较低，政策出台往往比较突然，部分政策调整会影响在埃企业的经营。与此同时，埃及相关政府部门间的协调能力较差，办事效率较低，这也对外国企业在埃及的投资有较大影响。

资料二：

上海润朗汽车工业集团总公司简称润朗集团，主要从事乘用车、商用车和汽车零部件的生产、销售、开发、投资及相关的汽车服务贸易和金融业务。润朗集团除直接经营管理汽车零部件、服务贸易等业务外，其核心的整车业务已注入持股83.83%的润朗汽车股份有限公司（简称“润朗汽车”），目前润朗汽车已成为国内A股市场规模最大的汽车公司。飞龙汽车起家于20世纪50年代，由于经营不善，到1999年自有资本下滑到负613亿韩元，飞龙汽车公司债权团便探讨向海外出售股权，以便收回投入的资金。2004年7月润朗汽车公司被债权团选中，润朗集团以5亿美元正式收购飞龙汽车48.92%股权。2005年1月27日，润朗汽车集团股份有限公司完成韩国飞龙汽车公司的股权交割手续，获得飞龙汽车51.33%的股份，正式成为其第一大股东。

2008年，随着国际油价的飞涨，飞龙以生产SUV和大型车为主的弊病显现出来，2008年上半年，受韩国国内柴油价格高出汽油价格的影响，韩国政府取消了对柴油车的补贴，使得主要产品为柴油车的飞龙汽车在韩国国内市场销量出现大幅下滑。截至2008年第三季度，飞龙走到了破产的边缘。2009年1月5日，润朗紧急调拨4 500万美元注入飞龙，用于支付员工工资，但是润朗要求提高生产效率，通过裁员降低成本，却遭到了飞龙工会的强烈反对和抵制，工会坚持不裁员使得润朗无法接受，其2亿美元的救济性资金援助也暂时搁浅。救不救飞龙，一时间让润朗陷入两难境地。2009年1月9日，润朗汽车向韩国首尔法庭申请飞龙破产保护，以应对销量下滑和债务攀升的局面。1月13日，飞龙汽车工会成员借机围堵中国驻韩使馆，谴责该公司大股东润朗集团“窃取韩国汽车技术，违背当初投资协议”。当打开韩国飞龙汽车公司的英文网站浏览公司简介时，根本无法看到任何关于润朗的标识及文字描述，仿佛润朗这家掌控其51.3%股份的公司与飞龙没有任何关系，润朗根本没有融入到飞龙中去。2009年2月6日，韩国法院宣布飞龙汽车进入破产重组程序，从此润朗集团失去了对飞龙的控制权。

归根结底是因为，在韩国的商业文化中，一大特色就是其强大的工会。飞龙工会是为了维护自身工人的利益，防止企业技术被转移才强烈反对和抵触裁员，润朗以外人的身份入主飞龙，而且还是以发展中国家的企业身份，所以让韩国人心理比较复杂，在这种背景下，润朗却没有充分理解韩国的工会文化，所以才导致最终的失败。

（1）简述企业风险的概念。

（2）从外部风险和内部风险角度来看，企业面临的风险包括哪些？

（3）根据资料一，分析石化公司面临的风险类型。

（4）根据资料二，分析润朗公司面临的风险类型。

2020 年注册会计师全国统一考试《公司战略与风险管理》全真模拟试题（一）参考答案及解析

一、单项选择题

1. 答案：B

解析：公司战略的传统概念强调计划性、全局性和长期性；公司战略的现代概念强调应变性、竞争性和风险性。

2. 答案：A

解析：为了巩固其竞争优势，华蓓公司运用竞争性定价阻止竞争对手进入其经营领域。华蓓公司所采取的组织的战略类型属于防御型战略组织。选项 A 正确。

3. 答案：D

解析：矩阵制组织结构是指既包含职能专业化又包含产品或项目专业化的二元组织结构。丙公司按照两维结构设计组织结构，一维是按照业务化原则设立四大运营中心，另一维是按照职能专业化原则设立区域组织，因此属于矩阵制组织结构。选项 D 符合题意。

4. 答案：D

解析：在种植区内增设了园林景观、运动场、游戏场等，到秋收季节，顾客可前来付费进行休闲娱乐等活动，同时能以市场最低的价格采摘和购买苹果。这属于为顾客提供更高的认可价值，同时获得成本优势。选项 D 正确。

5. 答案：B

解析：这是考虑了印度的文化传统因素，属于 PEST 分析中的社会和文化因素。选项 B 符合题意。

6. 答案：D

解析：甲公司针对双胞胎家庭的独特要求，设计出专门可以同时放两名小孩的手推车，采用的集中化战略，能够实施这个战略的条件是因为双胞胎这个目标市场的需求与别的市场存在差异。选项 D 正确。

7. 答案：B

解析：该公司一直通过招聘娴熟员工来提高效率，降低成本，但技术的变化把这种手工熟练的优势一笔勾销，使得原来的低成本优势荡然无存，所以选项 B 正确。

8. 答案：D

解析：根据2013年修订发布的COSO内部控制框架，控制环境要素应当坚持以下原则：（1）企业对诚信和道德价值观作出承诺。（2）董事会独立于管理层，对内部控制的制定及其绩效实施监控。（3）管理层在董事会的监控下，建立目标实现过程中所涉及的组织架构、报告路径以及适当的权力和责任。（4）企业致力于吸引、发展和留住优秀人才，以配合企业目标达成。（5）企业根据其目标，使员工各自担负起内部控制的相关责任。选项D符合题意。

9. 答案：B

解析：本题考核跨国战略。跨国战略试图兼顾全球化的效率和国别反应。该公司采用全球标准对炸鸡、汉堡、薯条、饮料等在内的多种食品进行控制，表明考虑的是全球标准化。在中国、墨西哥、日本等国家推出了具有当地特色的小吃，以吸引更多的顾客，表明考虑的是本土化策略，因此判断属于跨国战略。

10. 答案：A

解析：依据《企业内部控制基本规范》关于内部环境要素的要求：企业应当加强法制教育，增强董事、监事、经理及其他高级管理人员和员工的法制观念，严格依法决策、依法办事、依法监督，建立健全法律顾问制度和重大法律纠纷案件备案制度。选项A正确。

11. 答案：C

解析：甲公司是一家协会，其存在的目的主要是为其成员的需要服务，企业是其员工的下属，企业的生存也依赖于员工，可以判断采用的是人员导向型的企业文化，选项A错误；任务导向型具有很强的适应性，个人能高度控制自己分内的工作，选项B错误；权力导向型企业中的掌权人试图对下属保持绝对控制，企业组织结构往往是传统框架，选项D错误；选项C是人员导向型的特点，因此选项C正确。

12. 答案：C

解析：企业一般在无法判断发生概率或无须判断概率的时候，使用最大可能损失作为风险的衡量。选项C正确。

13. 答案：B

解析：纵向分工结构的基本类型包括高长型组织结构和扁平型组织结构。一般情况下，拥有3 000名员工的企业平均的管理层次一般为7个层次，如果为8个管理层次，则为高长型结构。该公司员工已经超过1 000人，管理层只有两个，所以属于扁平型组织结构。

14. 答案：A

解析：价值链分析有助于对企业的能力进行考察，这种能力来源于独立的产品、服务或业务单位。但是，对于多元化经营的公司来说，还需要将企业的资源和能力作为一个整体来考虑。因此，选项A说法错误。

15. 答案：A

解析："睿祥公司创业初期主营手机业务，后来成长为一家涵盖众多消费电子产品和软硬件的互联网企业"体现的是经营业务范围的调整，即公司宗旨的变化。选项A正确。

16. 答案：A

解析：本题主要考核信息技术与竞争战略。信息技术与成本领先战略：信息技术在企业中的应用可以帮助企业在生产、工程、设计、服务等环节有效降低成本，甚至达到行业中最低的运营成本。

17. 答案：B

解析：风险对冲是指企业引入多个风险因素使得这些风险的影响能够相互抵消；风险转换是指企业通过战略调整等手段使企业面临的风险转换为另一个风险；风险补偿是指企业对风险可能造成的损失采取适当的措施进行补偿，常见的形式包括风险准备金、应急资本协议等；风险规避是指企业回避、停滞或退出蕴含某一风险的商业活动或环境。

18. 答案：C

解析：本题考核企业主要的利益相关者。政府部门属于外部利益相关者，其最直接的利益期望是政府对企业税收的期望，选项 C 说法错误。

19. 答案：C

解析："瑞安保险公司依托医疗大数据智能化管理系统，将来自保险机构、医院和药房的诸如疾病发病率、治疗效果和医疗费用等方面的大数据及时进行'提纯'和整合，对潜在目标客户进行精细化管理，从而实现对健康保费的有效控制"体现了大数据特征的价值性。选项 C 正确。

20. 答案：A

解析：专业自保公司又称专属保险公司，是非保险公司的附属机构，为母公司提供保险，并由其母公司筹集保险费，建立损失储备金。

21. 答案：B

解析：资金活动需关注的主要风险有：（1）筹资决策不当，引发资本结构不合理或无限融资，可能导致企业筹资成本过高或债务危机；（2）投资决策失误，引发盲目扩张或丧失发展机遇，可能导致资金链断裂或资金使用效率低下；（3）资金调度不合理、营运不畅，可能导致企业陷入财务困境或资金冗余；（4）资金活动管控不严，可能导致资金被挪用、侵占、抽逃或遭受欺诈。选项 ACD 属于资产管理需要关注的风险。所以选项 B 正确。

22. 答案：D

解析：一般来说，审计委员会的组成应全部由独立、非行政董事组成。独立董事是公司外部董事，且与公司经营管理者没有重要的业务联系或专业联系，D 项符合题意。

23. 答案：C

解析：保险是一种金融合约。保险合同规定保险公司应为预定的损失支付补偿（也就是为损失进行融资），作为交换，在合同开始时，购买保险合同的一方要向保险公司支付保险费。甲公司由于是一家海运公司，存在很大的风险，与保险公司签订合约，将风险转移给保险公司，使用的是损失事件管理中的保险。所以选项 C 正确。

24. 答案：C

解析：选项 C 错误，"企业应当加强服务器等关键信息设备的管理，未经授权，任何人不得接触关键信息设备。"

二、多项选择题

1. 答案：AC

解析：最终的战略选择可以考虑以下几种方法：（1）根据企业目标选择战略。（2）提交上级管理部门审批。（3）聘请外部机构。甲公司是一家民营企业，无上级主管部门一说，因此选项A、C为正确答案。

2. 答案：ABC

解析：选项D认为航空业进入壁垒高，属于公司获取行业竞争优势产生的有利影响，因此选项D不正确。选项C认为航空业增长率缓慢，为了寻求发展，竞争程度就会增强，对企业取得行业竞争优势不利，所以选项C正确。选项B、D属于替代产品的威胁，都对公司获取行业竞争优势不利，所以选项B、D正确。

3. 答案：AB

解析："按照北方区域和南方区域进行划分"体现的是区域事业部制结构。选项A、B正确。

4. 答案：ABD

解析：甲公司采用的是成本领先战略，该战略的优势有：(1) 形成进入障碍。(2) 增强讨价还价能力。(3) 降低替代品的威胁。(4) 保持领先的竞争地位。选项ABD正确；选项C是差异化战略的优势。

5. 答案：AB

解析：乙公司在经营中存在诸多问题，为实现相关控制，该公司可以采用预算的形式进行。编制预算最常用的方法有增量预算和零基预算。

6. 答案：ABC

解析：蓝海战略总结了6种重建市场边界的基本法则，包括：(1) 审视他择产业；(2) 跨越产业内不同的战略群体看市场；(3) 重新界定产业的买方群体；(4) 放眼互补性产品或服务；(5) 重设客户的功能与情感性导向；(6) 跨越时间参与塑造外部潮流。企业服务对象还是原有的客户，只是其又增加了一些服务来满足客户的一些功能性和情感性诉求，本题选择不合适的选项，因此选项A、B、C符合题意。

7. 答案：BC

解析：出售房地产业务属于产品和服务变革。整合食品业务，建立三大食品业务部，由总部统一管理，属于结构和体系变革。选项B、C正确。

8. 答案：BCD

解析：企业管理者对财务风险只能采取有效措施来降低，而不可能完全消除，选项A不正确；企业产品售出后，就从成品资金转化为结算资金，再从结算资金转化为货币资金。这两个转化过程在时间和金额上的不确定性，就是资金回收风险，选项B正确；借入资金的筹资风险主要表现为企业是否能按时还本付息，存在财务风险，选项C正确；投资项目不能达到预期收益，从而影响企业盈利水平和偿债能力，可能存在财务风险，选项D正确。

9. 答案：ABCD

解析：平衡计分卡的内容有财务角度、顾客角度、内部流程角度、创新与学习角度。选项A、B、C、D均正确。

10. 答案：AB

解析："煤炭产品的客户对性价比的要求很高；各煤炭企业的产品差别很小，价格差异缩小且处于很低水平；产品毛利很低，只有大规模生产并有自己销售渠道的企业才具有竞争力；大量中小煤炭企业陆续退出市场"说明目前处于衰退期。选项A、B正确。选项C、D

属于成熟期财务特征。

11. 答案：ACD

解析：选项 B 说明 Z 公司还没有能力自行制造或提供供应商的产品或服务，不能提升谈判能力。选项 A、C、D 符合题意。

12. 答案：ABCD

解析：利率风险、汇率风险、商品价格风险和股票价格风险都是主要的市场风险。

13. 答案：ABCD

解析：对于重大缺陷和重要缺陷的整改方案，应该向董事会（审计委员会）、监事会或经理层报告并审定。

14. 答案：AB

解析："以生产、销售多种石化产品为主业的东昌公司对本企业的经营活动和人员，按照北方区域和南方区域进行划分"说明该公司实施的是区域事业部。选项 A、B 正确。

三、简答题

1. 答案

（1）发展战略的实施途径有：内部发展（新建）、外部发展（并购）、战略联盟。

日升公司涉及的有内部发展（新建）以及外部发展（并购）。

①内部发展（新建）。"1999 年 3 月，日升公司在 M 国组建公司并创立公司品牌'LC'，主要从事中低端家具的生产和销售。2000 年和 2008 年，在国内设立研发中心的基础上，日升公司又分别在 M 国和欧洲设立了研发中心""2008 年日升公司在国内展会上全面亮相，展出专门针对国内市场开发的三大品牌日升家居、日升家园、日升屋。2009 年 9 月在国内建成了日升国际风尚馆。2010 年，开展酒店家具业务，并在 J 国和 N 国设立生产基地。2009 年、2012 年，先后推出特许品牌'PDH'和'PDK'；2011 年，推出青年家具品牌'SM'；2012 年，M 国日升推出特许品牌'MH'；2013 年，推出特许品牌'WB'；2014 年，推出婴儿家具品牌'SB'"。

②外部发展（并购）。"公司先后实施四次跨国并购，获取了欧美知名企业的品牌、渠道、研发设计及制造能力等战略性资产。2001 年，日升公司斥资完成对原委托方 FC 公司的收购，直接进入 M 国中高档家具市场""在强大的资金和产能支持下，日升公司于 2006 年至 2008 年又先后收购国际三大品牌家具制造商"。

（2）企业能力包括：研发能力、生产管理能力、营销能力、财务能力、组织管理能力。日升集团体现的有：

①研发能力。"2000 年和 2008 年，在国内设立研发中心的基础上，日升公司又分别在 M 国和欧洲设立了研发中心"。

②生产管理能力。"多年的国际化经历使日升公司在生产、设计、销售方面储备、积累了大量人才和经验"。

③营销能力。"2007 年以来，全球经济环境发生了很大变化。出于对国内市场潜力的判断，日升公司适时调整经营策略，决定在巩固海外市场的同时，进军国内市场""日升公司在原有多个知名品牌的基础上，运用特许经营品牌，针对细分客户设立新品牌等策略，进一步巩固日升公司的 OBM 业务""2010 年，开展酒店家具业务，并在 J 国和 N 国设立生产基

地。2009 年、2012 年，先后推出特许品牌‘PDH’和‘PDK’；2011 年，推出年家具品牌‘SM’；2012 年，M 国日升推出特许品牌‘MH’，2013 年，推出特许品牌‘WB’；2014 年，推出婴儿家具品牌‘SB’”。

④财务能力。“在强大的资金和产能支持下”“上市后，公司市值从 2004 年的 1.37 亿美元跃升至 2005 年的 3.69 亿美元，增长 2.69 倍。”

2. 答案

(1) 乙公司作出收购丙公司的决策时应当特别考虑的政治环境因素：英国政府相关监管部门表示要密切关注乙公司收购丙公司事宜，可能会受到政府干预，导致收购失败。

(2) ①2012 年之前，该企业采取的是内部发展方式。根据案例材料可知，从开始创办至 2012 年，该企业从未从中国证券市场上筹过一分钱，完全依靠自有资金滚动发展而来。因此该企业在 2012 年之前采取的是内部发展战略。

②2012 年之后，该企业采取的发展战略是并购，开始走上以资本为纽带的整合外延式扩张之路，实现了快速发展。

③该公司并购 A 企业的效应体现在财务协同效应、经营协同效应和管理协同效应三个方面。第一，A 企业在被甲企业收购前，银行不愿意贷款给它，收购之后，凭借甲企业的信誉，A 企业很容易获得银行贷款，仅银行贷款利息一年可以节省 8 000 万元到 1 亿元，此种协同效应体现为财务协同效应；第二，原来 A 企业副产品价值很低，收购之后，经深加工又可获得收益近 1 亿元。同时，收购之后，A 企业用工成本也降低了 20%，此种协同效应体现为经营协同效应；第三，通过向 A 企业输出管理和文化，极大提升了 A 企业的制造水平和生产效率，此种效应体现为管理协同效应。

(3) 乙公司收购丙公司应当特别考虑的当前经济环境因素：丙公司购买的伊拉克油田储量不乐观，使得其股价一直低于 15 英镑，但乙公司要约收购丙公司时其股价大幅度提高，达到 19 英镑，会导致收购成本过高，乙公司的成本也会因此而被拉升。

3. 答案

(1) 投资资本回报率大于加权平均资本成本，创造价值。销售增长率小于可持续增长率，现金剩余。所以 C 公司会计报表审计业务处于财务战略矩阵的第二象限。(2 分)

该业务的财务战略选择：①首选的战略是利用剩余的现金加速增长。②把多余的钱还给股东。分配剩余现金的途径包括：增加股利支付，陆续把现金还给股东；回购股份，快速把现金还给股东。(2 分)

【该题针对“基于创造价值或增长率的财务战略选择”知识点进行考核】

(2) 产品—市场战略组合的战略类型有：市场渗透、市场开发、产品开发、多元化四种战略类型。

市场渗透：在单一市场，依靠单一产品，目的在于大幅度增加市场占有率。

产品开发：在现有市场上推出新产品，延长产品寿命周期。

市场开发：将现有产品推销到新地区；在现有实力、技能和能力基础上发展，改变销售和广告方法。

多元化：以新技术或市场而言的相关多元化；与现有产品或市场无关的非相关多元化。(2 分)

C 公司三位合伙人决定拓宽目标市场范围，以北京地区为中心开始向周边省市发展，属

于市场开发战略。(2 分)

4. 答案

(1) 卡普兰和诺顿提出了名为平衡计分卡的方法，它是一种平衡 4 个不同角度的衡量方法。具体而言，平衡计分卡平衡了短期与长期业绩、外部与内部的业绩、财务与非财务业绩以及不同利益相关者的角度，包括：财务角度、顾客角度、内部流程角度和创新与学习角度。

按照平衡计分卡业绩衡量方法，关键绩效指标可以做如下划分：

财务角度：提高酒店的净资产收益率，使之达到 1.8%；经营成本得到有效控制，费用节省率达到 10%。(1 分)

顾客角度：客人投诉率下降 3%；强化品牌认知度，保持品牌忠诚度。(1 分)

内部流程角度：提高健康和安全系数，卫生清洁达标率为 100%，各系统设施设备维修及时率达 100%；完善各部门、各岗位工作标准化流程。(1 分)

创新与学习角度：增强酒店员工的企业意识，建立以绩效为导向的企业文化；引进本土国际化人才，走特色化、专业化的道路。(1 分)

【该题针对“平衡计分卡的业绩衡量方法”知识点进行考核】

(2) ①使传统的绩效管理从人员考核和评估的工具转变成为战略实施的工具；(1 分)

②使得领导者拥有了全面的统筹战略、人员、流程和执行四个关键因素的管理工具；(1 分)

③使得领导者拥有了可以平衡长期和短期、内部和外部，确保持续发展的管理工具；(1 分)

④被誉为近 75 年来世界上最重要的管理工具和方法。(1 分)

四、综合题

答案：

(1) 企业风险是指那些影响企业实现其战略目标的不确定性。理解这个定义需要从以下几个方面把握：企业风险与企业战略相关；风险是一系列可能发生的结果，不能简单理解为最有可能的结果；风险既具有客观性，又具有主观性；风险总是与机遇并存。(3 分)

【该题针对“风险的概念”知识点进行考核】

(2) 企业面对的主要风险分为两大类：外部风险和内部风险。(1 分) 外部风险主要包括政治风险、法律风险与合规风险、社会文化风险、技术风险、市场风险、信用风险等。内部风险主要包括：战略风险、运营风险、财务风险等。(4 分)

【该题针对“风险的概念”知识点进行考核】

(3) 石化公司面临的是政治风险。(1 分) 石化公司收购美国某石油公司埃及油气资产 1/3 权益以后，进入埃及油气资源市场，但是由于埃及局势持续动荡，埃政府部门政策变化较大，政策执行力较低，政策出台往往比较突然，部分政策调整在埃企业的经营。与此同时，埃及相关政府部门间的协调能力较差，办事效率较低，这也对外国企业在埃及的投资有较大影响。所以石化公司投资埃及，面对最大的风险就是政治风险。(6 分)

【该题针对“风险的概念”知识点进行考核】

(4) 润朗公司面临的是社会文化风险。(1 分) 文化风险是指文化这一不确定性因素的影响给企业经营活动带来损失的可能。文化风险主要体现在跨国经营活动引发的文化风险；企业并购活动引发的文化风险；组织文化的变革、组织员工队伍的多元文化背景导致的个人层面的文化风险。润朗在并购飞龙汽车公司时，并没有充分理解所在国的工会文化，并购后根本没有融入到被并购公司去，所以最终导致并购失败，面临的风险是社会文化风险。(9 分)

【该题针对“风险的概念”知识点进行考核】

2020年注册会计师全国统一考试《公司战略与风险管理》全真模拟试题（二）

一、单项选择题（本题型共24题，每题1分，共24分。每题只有一个正确答案，请从每题的备选答案中选出一个你认为正确的答案。）

1. 实行多元化经营的达梦公司在家装行业有很强的竞争力，市场占有率达50%以上。近年来家装市场进入低速增长阶段，根据波士顿矩阵原理，下列各项中，对达梦公司的家装业务表达正确的是（　　）。

A. 该业务应采用撤退战略，将剩余资源向其他业务转移

B. 该业务应由生产技术和销售两方面都很内行的经营者负责

C. 该业务的经营者最好是市场营销型人物

D. 该业务需要增加投资以加强竞争地位

2. 下列发展战略分类的表述中不包括（　　）。

A. 一体化战略　　B. 稀疏型战略　　C. 密集型战略　　D. 多元化战略

3. 甲企业是国内大型乳制品企业，受三聚氰胺事件影响，国内奶制品市场环境发生了巨大变化，为了保证企业的进一步发展，该企业需要重新制定未来的发展战略，那么，该企业需要做的第一步工作是（　　）。

A. 战略分析　　B. 战略选择　　C. 战略实施　　D. 战略控制

4. 某酒店的服务宗旨是“为客人提供最好的服务”，该酒店的经营特色包括：周六是孩子们的狂欢之夜，小游客们可以选择露营，也可以选择房间，每个房间都可以看到海景。还有大量套房，附属设施有健身房、游泳池、俱乐部等，该酒店的竞争战略是（　　）。

A. 产品开发战略　　B. 集中差异化战略

C. 产品组合战略　　D. 混合战略

5. 中科公司是国内家著名的印刷机制造商。面对G国先进印刷机在中国的市场占有率迅速提高，中科公司将业务转型为给G国印刷机的用户提供零配件和维修保养服务，取得比业务转型前更高的收益率。从风险管理策略角度看，中科公司采取的策略是（　　）。

A. 风险规避　　B. 风险转换

C. 风险转移　　D. 风险补偿

6. 甲公司董事会对待风险的态度属于风险厌恶。为有效管理公司的信用风险，甲公司

管理层决定将其全部的应收款项以应收总金额的80%出售给乙公司，由乙公司向有关债务人收取款项，甲公司不再承担有关债务人未能如期付款的风险。甲公司应对此项信用风险的策略属于（　　）。

A. 风险承担　　B. 风险转移　　C. 风险规避　　D. 风险对冲

7. B公司在20世纪发明了胶片、胶卷、自动傻瓜相机等，在胶片感光成像技术方面领先了一个世纪。随着数码产品的出现和智能手机的逐步普及，市场需求发生结构性变化，而该公司由于忽视了这种发展变化的趋势，导致企业经营陷入困境。这种环境的变化属于（　　）。

A. 人文环境　　B. 政治环境　　C. 技术环境　　D. 经济环境

8. 某超市在超市内划出一个区域专门出售生鲜食品，包括肉类、鱼类、蔬菜、水果等。由于各类生鲜食品的供应商数量繁多，因此很难管理生鲜食品的采购。该超市需要将这些食品的采购外包给专门的第三方进行，从而能更有效地进行“干货”食品的采购。该超市采用的货源策略是（　　）。

A. 单一货源策略
B. 多货源策略
C. 由供应商负责交付一个完整的子部件
D. 由销售商负责交付一个完整的子部件

9. 近年来新能源汽车产业及市场迅猛增长。国内汽车制造商华新公司于2018年进入新能源汽车制造领域，但是受技术和管理水平制约，其产品性能欠佳，市场占有率较低。根据SWOT分析，该公司应采取的战略是（　　）。

A. 增长型战略　　B. 多元化战略
C. 防御型战略　　D. 扭转型战略

10. 乙公司是一家汽车生产厂商，该公司在生产过程中向一家供应商采购整套刹车系统，直接安装在汽车上。此外，乙公司在设计新款汽车时，还委托该供应商根据新款汽车的特点设计适合的新刹车系统。该公司采取的采购策略是（　　）。

A. 单一货源策略
B. 多货源策略
C. 由供应商负责交付一个完整的子部件
D. 协作生产

11. 以下有关《企业内部控制基本规范》对内部控制概念说法错误的是（　　）。

A. 内部控制是为了实现五类既相互独立又相互联系的目标
B. 内部控制能向企业董事会和经理层提供绝对保证
C. 内部控制受人的影响
D. 内部控制是一个过程

12. 甲公司每年维持经营所需的最低资本为1 000万元，但是有4%的可能性需要1 500万元才能维持经营。该公司为了保证96%的生存概率所需的风险准备金是（　　）。

A. 500万元　　B. 1 500万元　　C. 2 500万元　　D. 1 000万元

13. 甲企业是一家国际化的企业，为了更好地处理各国业务，决定将企业的活动和人员按照北美区域、东南亚区域以及中东区域进行划分。每个区域负责该地区的所有活动、所有产品以及所有客户。根据以上信息，判断该企业采用的组织结构类型是（ ）。

A. 区域事业部制结构　　B. 职能制组织结构

C. 矩阵制组织结构　　D. 产品/品牌事业部制结构

14. 甲公司是一家国际知名洗涤用品公司，计划与国内某企业建立合资企业。双方谈判中，由于中方坚持保留自有品牌。甲公司最后同意在合资企业中同时采用外方和中方两个品牌。根据以上信息可以判断，甲公司的这种行为模式属于（ ）。

A. 对抗　　B. 折中　　C. 协作　　D. 和解

15. 专为商业零售企业提供管理咨询服务的智信公司于2015年预测中国的实体百货零售业已进入衰退期。该公司作出上述预测的依据应是（ ）。

A. 实体百货零售业投资额增长率曲线的拐点

B. 实体百货零售业利润额增长率曲线的拐点

C. 实体百货零售业工资额增长率曲线的拐点

D. 实体百货零售业销售额增长率曲线的拐点

16. 在风险管理技术和方法中，可以定量分析的方法是（ ）。

A. 头脑风暴法　　B. 德尔菲法

C. 流程图分析法　　D. 马尔科夫分析法

17. 某公司在选择理财工具时的考虑内容不包括（ ）。

A. 合规的要求　　B. 可操作性

C. 企业的熟悉程度　　D. 不同的风险理财只针对不同的风险

18. 风险评估是企业风险管理基本流程的主要工作之一，下列不属于风险评估步骤的是（ ）。

A. 风险辨识　　B. 风险分析

C. 风险评价　　D. 风险信息收集

19. 由于企业所有权与经营权分离，经营者与股东关注角度往往不同，于是就产生了代理成本。下列不属于代理成本的是（ ）。

A. 委托人监督支出　　B. 剩余损失

C. 过高的在职消费　　D. 代理人保证支出

20. 下列各项中，属于风险管理委员会职责的是（ ）。

A. 组织协调全面风险管理项目

B. 批准重大决策的风险评估报告

C. 督导企业风险管理文化的培育

D. 审议风险管理策略和重大风险管理决议方案

21. 我国某纺织生产企业甲公司向欧洲H国出口“双羊”牌高档羊绒被，其英文名为“Goats”，该产品质量上乘，但在H国一直销路不佳。甲公司进行详细调查后发现，在H国，“Goats”除了有山羊的意思以外，还有其他的贬义，一些消费者因此产生不好的联想，影响了产品的销售，这个案例表明，企业跨国营销可能面临（ ）。

A. 市场风险　　B. 环境风险　　C. 品牌风险　　D. 文化风险

22. 2015年，大型冶金企业金通公司为获得稳定的原料来源，向某稀土开采企业提出以20亿元人民币并购该企业的要求，遭到后者拒绝。后来双方经多次谈判，最终达成以部分股权互换的方式结为战略联盟的协议。金通公司在战略决策与实施过程中的行为模式属于（　　）。

A. 对抗　　B. 和解　　C. 折中　　D. 规避

23. 根据《企业内部控制应用指引》，下列不属于采购业务风险的是（　　）。

A. 采购计划安排不合理　　B. 存货积压或短缺

C. 供应商选择不当　　D. 采购验收不规范

24. 因市场价格（利率、汇率、股票价格和商品价格）的不利变动而使企业发生损失的风险属于（　　）。

A. 技术风险　　B. 市场风险　　C. 运营风险　　D. 政治风险

二、多项选择题（本题型共 14 题，每题 1.5 分，共 21 分。每题均有多个正确答案，请从每题的备选答案中选出你认为正确的所有答案。每题所有答案选择正确的得分；不答、错答、漏答均不得分）

1. J 集团是一家国际零售连锁集团，下列各项中，属于 J 集团首要目的的有（　　）。

A. 满足客户需求　　B. 建立市场份额

C. 履行社会责任　　D. 降低成本

2. 信息技术与竞争战略包括的内容有（　　）。

A. 信息技术与成本领先战略　　B. 信息技术与差异化战略

C. 信息技术与集中化战略　　D. 信息技术与营销战略

3. 莱克公司是一家房地产公司，该公司开发的楼盘经常被一抢而空，甚至出现一房难求的情况。近日，由于政府宏观政策的调控，房地产行业的前景不被看好，莱克公司高层决定开始涉足旅游产业，但因为旅游产业与房地产行业的业务流程和市场模式均有很大差别，莱克公司一度面临无法平衡两个业务之间关系的尴尬局面，不但导致新业务无法盈利，还拖累了刚刚走出低谷的房地产业务。根据上述信息，莱克公司实施多元化战略面临的风险有（　　）。

A. 来自原有经营产业的风险

B. 内部经营整合风险

C. 产业进入风险

D. 产业退出风险

4. 近年来大数据和云计算的快速发展，使主营传统数据库业务的甲公司受到极大冲击，经营业绩大幅下滑。2019 年初，甲公司裁员 1 800 人，并重组开发团队和相关资源，大力开拓和发展云计算业务，以改善公司的经营状况。甲公司采用的总体战略类型有（　　）。

A. 转向战略　　B. 稳定战略

C. 市场开发战略　　D. 紧缩与集中战略

5. 以下关于产品矩阵制组织结构说法正确的有（　　）。

A. 既包含职能专业化又包含产品或项目专业化

B. 改进了职能制组织结构横向联系差

C. 主要适用于复杂/动态环境

D. 管理者之间不易产生冲突

6. B 公司是上海一家集团企业，其核心业务为批发外国高级品牌的休闲服及内衣。其他业务包括代理世界各地不同品牌的化妆品、手表和鞋。最近，B 公司购入了在国内拥有五家玩具连锁分店的 C 公司，并与 C 公司签订战略联盟协议，参与餐饮业务。为配合 B 公司的总体战略实施，B 公司可以选择的组织结构类型有（　　）。

A. 产品/品牌事业部制组织结构　　B. 创业型组织结构

C. M 型企业组织结构　　D. 战略业务单位组织结构

7. 甲公司是一家制造和销售洗衣粉的公司。目前洗衣粉产业的产品逐步标准化，技术和质量改进缓慢，洗衣粉市场基本饱和。处于目前发展阶段的甲公司具备的财务特征有（　　）。

A. 股价迅速增长　　B. 股利分配率高

C. 资金来源于保留盈余和债务　　D. 财务风险高

8. 鸿达公司原是一家从事房地产业务的公司。由于国家对房地产行业的宏观调控以及相关政策的出台，房地产业的前景不容乐观。遂公司高层管理人员决定对公司的主营业务进行调整，并对相应的组织结构进行重大变革。关于该变革的特点，下列表述正确的有（　　）。

A. 稳定地推进变化

B. 影响整个企业体系

C. 在企业生命周期中不常发生

D. 全面转化

9. 差异化战略的风险包括（　　）。

A. 顾客可能发现高成本的产品及差异化产品之间的价格差距太大

B. 顾客的学习会减少其对公司差异化特征的感知价值

C. 差异化战略是建立在顾客期望的产品特征的基础上

D. 差异化的方式不能再为顾客提供价值

10. 下列各项中，属于企业风险管理体系的有（　　）。

A. 风险管理策略　　B. 风险理财措施

C. 风险管理的组织职能体系　　D. 风险管理信息系统

11. 主营太阳能电池组件业务的日华公司上市后，通过股权融资、债券融资、银行借贷、信贷融资、民间集资等各种手段融资近 70 亿元，在多个国家投资布局光伏全产业链，还大举投资房地产、汽车等项目。后来光伏产业国际市场需求急剧萎缩，致使公司出现大额亏损，深陷债务危机。本案例中，日华公司所面临的主要风险类型有（　　）。

A. 战略风险　　B. 政治风险

C. 社会文化风险　　D. 财务风险

12. 某旅行社与航空公司，出租汽车公司合作，采用代购机票，免费机场接送的营销方法吸引更多的客户，不属于该旅行社采用的战略有（　　）。

A. 市场开发战略　　B. 产品开发战略

C. 市场渗透战略　　D. 相关多元化战略

13. 4 月份，某空调厂预计 7 月份需要 500 吨阴极铜作为原料，当时铜的现货价格是每吨 53 000/吨，因目前仓库库容不够，无法现在购进。为了防止铜价上涨，决定在上海期货交易所进行铜套期保值期货交易，当天7月份铜期货价格为53 300元/吨。到了7月1日，铜价大幅度上涨，现货铜价为56 000元/吨，7月份铜期货价格为56 050元/吨。如果该厂在现货市场购进500吨铜，同时将期货合约平仓，则该空调厂在现货市场及期货市场的盈亏有（　　）。

A. 现货市场亏损1 500 000元　　B. 现货市场盈利1 500 000元

C. 期货市场盈利1 375 000元　　D. 期货市场亏损1 375 000元

14. 下列关于审计委员会在内部控制中的作用说法中，表述正确的有（　　）。

A. 审计委员会负责审查企业的内部控制

B. 审计委员会的组成全部由独立、非行政董事构成

C. 审计委员会每年至少与外聘及内部审计师会面一次，讨论与审计相关事宜，需管理层出席

D. 审计委员会每年至少举行两次会议

三、简答题（本题型共4小题30分。其中一道小题可以选用中文或英文解答，请仔细阅读答题要求。如果用英文解答，须全部使用英文，答题正确的，增加5分。本题型最高得分为35分。在答题卷上解答，答在试题卷上无效）

1.（本小题8分）

L集团是一家民营企业，主要从事机械制造及相关业务，是国内的行业龙头。L集团主要股东包括集团创始人Z先生和另外八位公司关键管理人员。L集团的业务包括以下四个板块，在集团管理架构中分属于四个事业部。

（1）通用机械（General Machinery）。L集团在创业之初是从生产通用机械起家的。产品包括各类通用型的机床、磨床等生产设备，其制造的设备广泛应用于各类生产型企业，并由于质量稳定、价格适中，一直受到客户的普遍认可，在国内保持着较高的市场份额，每年无需大量的资金投入即可为L集团带来稳定而可观的收益。但由于通用机械国内总体市场增长缓慢，因此L集团这一板块的业务增长也较为缓慢。

（2）专用机械（Special Machinery）。从20世纪90年代，L集团开始进入利润更高、增长更快的专用机械市场。与通用机械不同，专用机械应用于特定行业，一般按客户订单生产，需要符合客户特定的技术要求，因此需要公司在研发和技术方面给予大量的投入。L集团经过多年不懈的努力，其生产的专用机械在国产专用设备市场上的份额已跻身前三，近年来一直保持着强劲的增长速度。然而L集团的管理层也清晰地意识到，自身的技术水平虽然在国内居于领先，但与国际同行相比仍相差甚远，高端领域的客户仍然毫无例外地采购欧美进口的专用设备。虽然专用机械业务有着很好的长期发展前景，但此项业务的长期发展还需L集团持续地加大投入。

（3）配件及服务（Components and Services）。这一业务板块主要是销售上述两类设备的配件，以及提供维修、保养、技术培训、技术咨询等服务。目前这一业务板块在L集团总体销售收入中的比例不到5%，市场份额很低，增长缓慢，并处于亏损状态。管理层通过调研发现，配件及服务市场整体近年来正在快速增长，事实上，在中国开展业务的国际同行们在配件及服务上取得的销售收入可以达到总体销售收入20%以上，并且利润率非常可观。他们经过深入研究后认为，L集团应当可以凭借多年来积累的客户基础将这一业务板块发展起

来，形成新的增长点。

（4）钢材贸易（Steel Trading）。L 集团在 2000 年左右开始涉足钢材贸易，初衷是通过这一业务，一方面获取贸易利润，另一方面服务自身的原料采购。然而，由于钢材贸易市场竞争激烈，市场趋于饱和，该业务的市场份额非常小，可获利润很低反而常常需要占用的营运资金却很多，而且也并没有服务 L 集团自身的原料采购。由于其并非 L 集团的核心业务，公司无法投入相应足够的资源去支持这一业务板块的发展。

（1）利用波士顿矩阵（瘦狗、现金牛、明星、问题）对 L 集团的四个业务板块作出分析，指出这四个业务板块分别属于波士顿矩阵中的哪一类型业务并简要阐述判断依据。

（2）基于四个业务板块所属类型的特点和现状，分别针对下一步战略简要提出建议。

2.（本小题 8 分）

1992 年，以家电研发、生产和销售为主业的信达公司确立了“技术立企”的发展战略。公司董事长程静强调：“那些只引进不研发、落伍了再引进的企业，没有追求，必死无疑”。信达公司拒绝参与彩电行业价格战，每年将销售收入的 5% 投入研发。公司实行奖金与开发成果挂钩的制度，将技术开发人员工资涨到一线工人的 3 倍。几十年来，在信达公司彩电业务的发展过程中，经历了四个关键的转折点。

（1）2005 年研发成功“中国芯”，中国首块拥有自主知识产权并产业化的数字视频处理芯片在信达公司诞生，彻底打破了国外芯片的垄断地位。2013 年国内首款网络多媒体电视 SOC 主芯片研制成功并实现量产。2015 年发布 VP 画质引擎芯片，使信达公司正式比肩国际行业巨头，成为中国拥有自主高端画质芯片的企业。（2）建成中国电视行业第一条液晶模组线，彻底扭转中国液晶模组几乎全部依赖外国企业的状况，率先完成平板电视上有产业链的突破。（3）UL 电视与激光电视并行。其中，“L 显示技术”是信达公司十年来对电视行业上游垄断发起的第 3 次突围战。凭借历时 7 年研发的激光电视提前锁定主动权，在全球大屏幕电视市场赢得了一席之地。（4）转型布局智能电视。2017 年，信达公司推出的智能系统由简单的单项人机交互向更简洁的触控交互、智能交互发展，主动感知用户需求，实现智能化推荐。信达公司以强大的研发实力为后盾，以优秀的销售团队为支撑，产品销售额与营销收入实现稳步增长。根据有关部门提供的信息，2018 年，信达公司电视机的营业收入位居全球品牌第三位，国内品牌第一位。

要求：

（1）简要分析信达公司所实施的竞争战略类型，并从资源和能力角度分析信达公司实行这一竞争战略的条件。

（2）简要分析信达公司的研发定位。

3.（本小题 8 分）

爱芬集团位列全球 500 强，集团总部位于瑞士苏黎世，1988 年由两个历史 100 多年的国际性企业合并形成。爱芬是电力和自动化技术领域的全球领先公司，能够帮助电力、公共事业和工业客户提高业绩，同时降低对周围环境的不良影响。爱芬集团在全球约 100 个国家拥有几十万名员工，其股票已在伦敦、苏黎世、斯德哥尔摩、法兰克福和纽约的证券交易所上市。爱芬集团超过一半的营业额来自欧洲市场；近四分之一来自亚洲、中东和非洲；五分之一来自南北美洲市场。

爱芬集团在每一个国家都采取双维度结构，将公司按区域和业务维度进行划分，包含

51 个业务领域和 41 名驻各国经理，交错分布在 1 300 个独立的公司中，这些公司又被分成 5 000个利润中心，每一个利润中心都有责任和权利提升业绩，产生利润。区域经理与业务经理各负其责，其中区域经理负责自行开发新产品，开发市场与政府公关，而业务经理则负责全球的产品战略决策。

虽然通过这种双维度结构为爱芬集团赢得了很强的竞争优势，但是双重管理需要的沟通问题也面临严峻的挑战。该集团大部分管理文件的内容在描述区域经理和业务经理的职责和相互关系上，并通过不断培训使经理们明白他们的角色。同时，他们还开发新的信息管理系统，加强信息共享。即便这样，沟通问题现在依然是爱芬最迫切需要解决的问题。

（1）简要分析爱芬集团的横向分工结构类型。

（2）以爱芬公司为例，分析采用该种结构给公司带来的影响。简述该种结构的缺点。

4.（本小题 8 分）

乙公司是一家高档家具生产企业，成立于 2006 年，成立之初便斥巨资引进了世界上技术最先进的生产线，同时聘请了资深的研究人员，在短时间内研发了多款新型家具，在加强产品创新和质量提升的同时，乙公司还提供优质售后服务，为此乙公司赢得了客户认可。

为了制定自身的未来发展战略，该公司采用五力模型对产业竞争环境分析如下：

（1）由于科技进步出现了性能比乙公司高的同类产品，且产品价格低于乙公司。

（2）由于家具产业的不断发展，消费者越来越精明，对产品性价比要求很高。

截至 2016 年 6 月，家具产业在国内产能严重过剩，市场增长率下降较快，同时替代品的出现降低了利润空间。在国内进一步发展存在较大障碍。此时乙公司发现与中国相邻的印度对乙公司产品需求很旺盛。虽然印度也有几十家著名品牌的高档家具，但由于市场需求增加迅速，盈利能力仍然可观。

因此，乙公司在 2016 年 7 月初决定进入印度市场，并聘请了专门机构对市场上众多高档家具厂家进行分析，确定不同战略群组，以选择最适合自己的战略群组。虽然乙公司在进入印度市场前进行了充分准备，但在进入后销售盈利效果却未达到预期。经过再次分析，发现在进行国际化经营可行性分析时忽略了印度关税因素。印度针对出口到该国的产品通常征收高额关税。为此乙公司决定采用直接投资方式进入印度市场，从而提升竞争能力。

要求：

（1）乙公司利用五力模型对产业结构进行分析时，涉及了五力模型中的哪些方面？这些方面对乙公司所面临的竞争强度有什么影响？

（2）请指出 2016 年 6 月，乙公司产品在国内和印度市场分别处于产品生命周期的哪个阶段及在各自阶段应有的战略目标。

（3）简要说明乙公司进行战略群组分析的作用。

四、综合题（本题型共 1 题，25 分。在答题卷上解答，答在试题卷上无效）

资料一

上海米源科技有限公司（简称“米源科技”）成立于 2003 年，是一家专业的自动售货机管理公司。公司以自动售货机为核心品牌，拥有自助售货机业界完整的、端到端的融合解决方案和产品线，通过全系列的产品提供和专业的自动售货服务，灵活满足不同客户的个性化需求以及企业服务创新的追求。

公司凭借不断增强的创新能力、突出的灵活定制能力、专业成熟的运营能力赢得客户的信任与合作。分布于全国 21 个省近 100 个城市的 50 多个分支机构，通过为 7 000 多家客户提供创新技术与产品解决方案，并已在中国各地设立分公司及服务中心，拥有超过 2 万多台自动售货机及线上专卖店，业务覆盖全国各大主流渠道场所。

湖南中合科技有限责任公司是一家具有十三年自动售货机经营经验的优质企业，2005 年米源科技以中合公司为基准，对比分析了企业的现况，发现企业具有竞争优势的资源是企业多年积累下来的对自动售货机的维护和管理经验，市场上一般的自动售货机寿命是 3 年，而米源科技出售的自动售货机在定期维护和按时管理下寿命可以达到 7 年，非常受市场欢迎。

资料二

自动售货机的箱体、货道、制冷机组、纸币硬币器、工控机、显示屏等部件都很重要，缺一不可，多种质量过硬的部件才有可能组成一台优秀的自动售货机。自动售货机最重要的几个部件是工控机和显示屏、纸币器、硬币器。米源科技成立时间不长，这几个重要部件是从湖南一家制造厂购进的，2003 年签订了 2 年的合同，马上合同要到期了，制造厂提出续签合同单价要上涨 10%，这使得米源科技很是被动。

管理层考察市场发现这几个零部件的市场需求量很大，利润空间也很大，商议再三决定自己投资生产这几个部件，但是企业能力有限，独立建厂生产投入太大负担不起，经过一番考察企业决定与河北一家零部件生产厂互换 10% 的股份，建立长期的相互合作关系，河北生产厂按成本价向米源科技提供生产部件，米源科技将其自动售货机河北地区的代理权交给生产厂。

资料三

2008 年金融危机席卷全球，米源科技意识到风险管理的重要性。2009 年建立了风险管理组织体系，主要包括规范的公司法人治理结构、风险管理职能部门、内部审计部门和法律事务部门以及其他有关职能部门、业务单位的组织领导机构并划分了各部门的职责。其中董事会、风险管理委员会和风险管理职能部门的部分职责内容如下：

董事会：提交全面风险管理年度报告；批准重大决策的风险评估报告；批准风险管理组织机构设置及其职责方案。

风险管理委员会：审议企业全面风险管理年度工作报告；审议风险管理策略和重大风险管理解决方案；审议风险管理组织机构设置及其职责方案。

风险管理职能部门：研究提出全面风险管理工作报告；研究提出跨职能部门的重大决策风险评估报告；负责组织协调全面风险管理日常工作。

2013 年公司与中东某国签订了一份自动售货机购买合同，对方要求先给付一半的货款，收到自动售货机以后半年再给“尾款”，并以当地货币结算，在汇出时再按当时牌价折算成美元。该公司为防止汇率波动影响公司最后利润，公司财务部使用相关衍生产品进行对冲，锁定大部分货款汇率。

（1）简述基准分析的五种类型，根据资料一分析米源科技进行分析时使用的是哪种类型。

（2）简述决定企业竞争优势的企业资源判断标准（能细分的要细分），并结合资料一分析米源科技具有竞争优势的资源属于哪一标准。

（3）根据资料二分析米源科技实施的总体战略类型是什么（要求细分），并简述其适用条件。

（4）简述战略联盟形成的动因；根据资料二分析米源科技采用的战略联盟具体类型。

（5）简要分析资料三中董事会、风险管理委员会和风险管理职能部门的职责划分是否合适，并说明理由。

（6）简要分析资料三中米源科技采用的风险管理策略的工具是什么，简述理由。

2020年注册会计师全国统一考试《公司战略与风险管理》全真模拟试题（二）参考答案及解析

一、单项选择题

答案：C

解析：“市场占有率达50%以上”“近年来家装市场进入低速增长阶段”体现了达梦公司的家装业务属于现金牛业务，其经营者最好是市场营销型人物。选项C正确。

2. 答案：B

解析：发展战略包括一体化战略、多元化战略和密集型战略。选项B不正确，符合题意。

3. 答案：A

解析：战略分析是整个战略过程的起点。选项A正确。

4. 答案：B

解析：该酒店的目标客户是那些愿意支付高额的住宿费来享受一流的个人服务的高端旅行者以及度假者，同时提供特色的服务，采用的竞争战略是集中差异化战略。

5. 答案：A

解析：“中科公司将业务转型为给G国印刷机的用户提供零配件和维修保养服务”体现了中科公司退出了印刷机制造商的领域，即为风险规避。选项A正确。

6. 答案：B

解析：风险转移是将风险转移给另一家企业、公司或机构。甲公司将应收款项出售给乙公司，应对此项信用风险的策略属于风险转移。选项B符合题意。

7. 答案：C

解析：该题属于技术变化带来的影响。技术环境对战略所产生的影响包括：基本技术的进步使企业能对市场及客户进行更有效的分析；新技术的出现使社会和新兴行业对本行业产品和服务的需求增加，从而使企业可以扩大经营范围或开辟新的市场；技术进步可创造竞争优势；技术进步可导致现有产品被淘汰，或大大缩短产品的生命周期；新技术的发展使企业可多关注环境保护，企业的社会责任及可持续成长问题，也使生产越来越多地依赖科技的进步。选项C符合题意。

8. 答案：C

解析：本题考核采购战略。该超市将生鲜食品的采购外包给专门的第三方进行，属于由供应商负责交付一个完整的子部件的货源策略。

9. 答案：D

解析："近年来新能源汽车产业及市场迅猛增长"体现了外部环境中的机会（O），"受技术和管理水平制约，其产品性能欠佳，市场占有率较低"体现了内部环境中的劣势，即为扭转型战略。选项 D 正确。

10. 答案：C

解析：当企业确定应从哪个供应商进行采购时可以考虑以下几个策略：单一货源策略；多货源策略；由供应商负责交付一个完整的子部件。供应商向乙公司交付的是整套的刹车系统是完整的子部件，所以适宜选用的采购策略是由供应商负责交付一个完整的子部件，选项 C 正确。

11. 答案：B

解析：该定义反映了以下基本概念：内部控制是一个过程，它是实现目的的手段，而非目的本身；内部控制受人的影响，它不仅仅是政策手册和图表，而且涉及企业各层次的人员；内部控制只能向企业董事会和经理层提供合理的保证，而非绝对的保证；内部控制是为了实现五类既相互独立又相互联系的目标。选项 B 符合题意。

12. 答案：A

解析："甲公司每年维持经营所需的最低资本为 1 000 万元，但是有 4% 的可能性需要 1 500万元才能维持经营"，也就是说如果风险资本为 500 万元，那么这家公司的生存概率就是 96%。选项 A 正确。

13. 答案：A

解析：本题考核组织结构的类型。如果企业在不同的地理区域开展业务时，比较适合区域式结构，这种结构是按照特定的地理区域来对企业的活动和人员进行分类，所以正确答案为选项 A。

14. 答案：D

解析：如果用合作性和坚定性两维坐标来描述企业某一利益相关者在企业战略决策与实施过程中的行为模式，可以分为以下 5 种类型：

（1）对抗。对抗是坚定行为和不合作行为的组合。企业利益相关者运用这种模式处理矛盾与冲突，目的在于使对方彻底就范，根本不考虑对方的要求，并坚信自己有能力实现所追求的目标。

（2）和解。和解是不坚定行为与合作行为的组合。一方利益相关者面对利益矛盾与冲突时，设法满足对方的要求，目的在于保持或改进现存的关系。和解模式通常表现为默认和让步。

（3）协作。协作是坚定行为与合作行为的组合。在对待利益矛盾与冲突时，既考虑自己利益的满足，也考虑对方的利益，力图寻求相互利益的最佳结合点，并借助于这种合作，使双方的利益都得到满足。

（4）折中。折中是中等程度的坚定性和中等程度的合作性行为的组合。通过各方利益相关者之间的讨价还价，相互做出让步，达成双方都能接受的协议。折中模式既可以采取积极的方式，也可以采取消极的方式。前者是指对冲突的另一方做出承诺，给予一定的补偿，以求得对方的让步；后者则以威胁、惩罚等要挟对方做出让步。多数场合则是双管齐下。

（5）规避。规避模式是不坚定行为与不合作行为的组合。

15. 答案：D

解析：产业发展要经过 4 个阶段：导入期、成长期、成熟期和衰退期。这些阶段是以产业销售额增长率曲线的拐点划分。选项 D 正确。

16. 答案：D

解析：头脑风暴法、德尔菲法、流程图分析法均为定性分析，马尔科夫分析法为定量分析。选项 D 符合题意。

17. 答案：D

解析：企业在考虑风险理财工具时，要考虑以下几点：合规的要求；可操作性；法律法规环境；企业的熟悉程度；风险理财工具的风险特征；不同的风险理财手段可能适用的同一风险。

18. 答案：D

解析：收集与本企业风险和风险管理相关的内外部初始信息是企业风险管理基本流程的第一步，不属于风险评估的步骤。

19. 答案：C

解析：委托人监督支出、剩余损失、代理人保证支出都属于代理成本，选项 C 符合题意。

20. 答案：D

解析：风险管理委员会对董事会负责，主要履行以下职责：提交全面风险管理年度报告；审议风险管理策略和重大风险管理解决方案；审议重大决策、重大风险、重大事件和重要业务流程的判断标准或判断机制，以及重大决策的风险评估报告；审议内部审议部门提交的风险管理监督评价审计综合报告；审议风险管理组织机构设置及其职责方案；办理董事会授权的有关全面风险管理的其他事项。选项 A 属于风险管理职能部门的职责，选项 B、C 属于董事会职责。

21. 答案：D

解析：本题考核“企业面对的风险种类”的知识点。题中甲公司因为没有了解到“Goats”在 H 国的贬义的意思，这是因为文化差异造成的，所以是社会文化风险。

22. 答案：C

解析：通过各方利益相关者之间的讨价还价，相互做出让步，达成双方都能接受的协议，即为折中。选项 C 正确。

23. 答案：B

解析：本题考查对《企业内部控制应用指引——采购业务》中主要风险的掌握。选项 B 错误，存货积压或短缺属于资产管理风险。

24. 答案：B

解析：税收政策和利率、汇率、股票价格指数的变化带来的风险属于市场风险。

二、多项选择题

1. 答案：ABD

解析：本题考核公司的使命。J 集团是一家营利组织，营利组织首要目的是为其所有者带来经济价值。例如，通过满足客户需求、建立市场份额、降低成本等来增加企业价值，其次的目的是履行社会责任，以保障企业主要经济目标的实现。

2. 答案：ABC

解析：信息技术与竞争战略包括的内容有：（1）信息技术与成本领先战略；（2）信息技术与差异化战略；（3）信息技术与集中化战略。选项A、B、C正确。

3. 答案：ABCD

解析：一般认为违背忠诚义务导致的内部人控制问题的主要表现：过高的在职消费，盲目过度投资，经营行为的短期化；侵占资产，资产转移；工资、奖金等收入增长过快，侵占利润；会计信息作假、财务作假；大量负债，甚至严重亏损；建设个人帝国。因此，选项A、B、C、D均正确。

4. 答案：AD

解析："甲公司裁员1 800人"属于紧缩与集中战略中的削减成本战略；"并重组开发团队和相关资源，大力开拓和发展云计算业务"属于转向战略中的重新定位和调整现有的产品和服务。选项A、D正确。

5. 答案：ABC

解析：管理者之间易产生冲突，选项D错误，选项A、B、C符合题意。

6. 答案：AC

解析：该公司涉及多个业务，会有多个生产线，以企业产品的种类为基础设置产品部，采用产品/品牌事业部制组织结构。随企业经营规模和范围的不断扩张，企业需要将职权和责任分派给专门单元的管理者，实行M型企业组织结构。创业型组织结构是多数小型企业的标准组织结构模式。职能制组织结构适合单一业务的组织结构。选项A、C符合题意。

7. 答案：BC

解析：本题考核"财务战略"的知识点。"洗衣粉产业的产品逐步标准化，技术和质量改进缓慢，洗衣粉市场基本饱和"，说明产品处于成熟期，处于成熟期的企业财务风险是中等，股利分配率高，资金来源于保留盈余和债务，股价稳定。所以选项B、C正确。

8. 答案：BCD

解析：通过题干表述可知，该公司实施的变革类型是革命性变革。选项B、C、D正确，选项A是渐进性变革的特点。

9. 答案：BD

解析：采取差异化战略的风险主要包括：（1）竞争者可能模仿，使得差异消失；（2）产品或服务差异对消费者来说失去了重要意义；（3）与竞争对手的成本差距过大；（4）采用差异化集中战略者能够在细分市场实现更大的差异化。

10. 答案：ABCD

解析：企业风险管理体系包括五大体系：（1）风险管理策略；（2）风险理财措施；（3）风险管理的组织职能体系；（4）风险管理信息系统；（5）内部控制系统。选项ABCD符合题意。

11. 答案：AD

解析："在多个国家投资布局光伏全产业链，还大举投资房地产、汽车等项目"体现了发展战略过于激进，脱离企业实际能力或偏离主业，可能导致企业过度扩张，甚至经营失败，属于战略风险，选项 A 正确。“通过股权融资、债券融资、银行借贷、信贷融资、民间集资等各种手段融资近 70 亿元”体现了筹资决策不当，引发资本结构不合理或无效融资，可能导致企业融资成本过高或债务危机，属于财务风险，选项 D 正确。

12. 答案：ABD

解析：本题考核的是安索夫的“产品—市场战略组合”矩阵。某旅行社采用这样的营销方法吸引更多的客户，增加了现有市场占有率，属于市场渗透战略，选项 A、B、D 不属于该旅行社采用的战略。选项 A、B、D 符合题意。

13. 答案：AC

解析：现货市场上亏损：（56 000 - 53 000）×500 = 1 500 000（元）。期货市场上盈利：（56 050 - 53 300）×500 = 1 375 000（元）。

14. 答案：AB

解析：审计委员会每年至少与外聘及内部审计师会面一次，讨论与审计相关事宜，无需管理层出席，选项 C 错误。审计委员会每年至少举行三次会议，选项 D 错误。

三、简答题

1. 答案

（1）①通用机械属于“现金牛”业务（或低增长—强竞争地位的业务）；（0.5 分）

通用机械业务总体市场增长缓慢，并且 L 集团的该业务保持着较高的市场份额，每年为 L 集团带来稳定而可观的收益，而无需大量的资金投入，反而能为企业提供大量资金，所以属于“现金牛”业务。（0.5 分）

②专用机械属于“明星”业务（或高增长—强竞争地位的业务）；（0.5 分）

专用机械业务处于一个利润更高、增长更快的市场，并且 L 集团的该业务已跻身全国前三，在 L 集团的四个业务板块中专用机械业务有着极好的长期发展前景，但需要公司在研发和技术方面给予大量的持续的投入来支持其发展，所以属于“明星”业务。（0.5 分）

③配件及服务属于“问题”业务（或高增长—弱竞争地位的业务）；（0.5 分）

配件及服务业务整体市场近年来正在快速增长，而 L 集团此项业务的市场份额却很低，而且目前处于亏损状态，所以属于“问题”业务。（0.5 分）

④钢材贸易属于“瘦狗”业务（或低增长—弱竞争地位的业务）；（0.5 分）

钢材贸易市场竞争激烈，市场趋于饱和，L 集团该业务的市场份额非常小，可获利润很低却反而常常需要占用大量的营运资金，所以属于“瘦狗”业务。（0.5 分）

（2）①通用机械业务板块（“现金牛”）可以把设备投资和其他投资尽量压缩，可采用榨油式方式，争取在短时间内获取更多利润，从而为其他业务的发展提供资金支持，也可以进一步进行市场细分，维持其现有的增长率或延缓增长率下降的速度，通用机械事业部的领导者最好是市场营销型人物。（1 分）

②对于专用机械业务板块（“明星”），L 集团应在短期内优先提供其所需的资源，保护其专用机械在国内市场上的领先地位，持续地在研发和技术上给予大力投入，积极扩大经济规模和市场机会，以长远利益为目标，进一步提高市场占有率，专用机械事业部最好是由对生产技术和销售两方面都很内行的人才来领导。（1 分）

③配件及服务业务（“问题”）由于具备成为新增长点的基础条件，因此可以努力将其

从问题业务转化为将来的明星业务，应当详细分析目前阻碍配件及服务业务发展的问题所在并作出改进，集团需在一段时期内对该板块给予扶持，并将扶持方案列入集团的长期计划中，配件及服务事业部应当选拔有规划能力、敢于冒险、有才干的人才来领导，可以采取智囊团或项目组织等形式来发展该业务。(1 分)

④钢材贸易业务（“瘦狗”）由于可获利润很低却反而常常需要占用大量的营运资金，也并没有帮到L集团自身的原料采购，因此应采用撤退战略，逐步缩小，停止此业务，将资源留给其他业务板块，钢材贸易事业部可取消，其人员可合并至其他事业部担任合适的岗位。(1 分)

2. 答案：

（1）信达公司实施的是差异化战略。“2005 年研发成功‘中国芯’，中国首块拥有自主知识产权并产业化的数字视频处理芯片在信达公司诞生，彻底打破了国外芯片的垄断地位”。资源和能力：

①具有强大的研发能力和产品设计能力。“2005 年研发成功‘中国芯’，中国首块拥有自主知识产权并产业化的数字视频处理芯片在信达公司诞生，彻底打破了国外芯片的垄断地位”“凭借历时 7 年研发的激光电视提前锁定主动权，在全球大屏幕电视市场赢得了一席之地”“信达公司以强大的研发实力为后盾，以优秀的销售团队为支撑，产品销售额与营销收入实现稳步增长”。

②具有很强的市场营销能力。“信达公司以强大的研发实力为后盾，以优秀的销售团队为支撑，产品销售额与营销收入实现稳步增长”。

③有能够确保激励员工创造性的激励体制、管理体制和良好的创造性文化。“信达公司拒绝参与彩电行业价格战，每年将销售收入的5%投入研发。公司实行奖金与开发成果挂钩的制度，将技术开发人员工资涨到一线工人的3 倍”。

④具有从总体上提高某项经营业务的质量，树立产品形象，保持先进技术和建立完善分销渠道的能力。“信达公司以强大的研发实力为后盾，以优秀的销售团队为支撑，产品销售额与营销收入实现稳步增长。根据有关部门提供的信息，2018 年，信达公司电视机的营业收入位居全球品牌第三位，国内品牌第一位”。

（2）研发定位包括：成为向市场推出新技术产品的企业；成为成功产品的创新模仿者；成为成功产品的低成本生产者。信达公司的研发定位包括成为向市场推出新技术产品的企业和成为成功产品的创新模仿者。①成为向市场推出新技术产品的企业。“凭借历时 7 年研发的激光电视提前锁定主动权，在全球大屏幕电视市场赢得了一席之地”②成为成功产品的创新模仿者。“2005 年研发成功‘中国芯’，中国首块拥有自主知识产权并产业化的数字视频处理芯片在信达公司诞生，彻底打破了国外芯片的垄断地位。2013 年国内首款网络多媒体电视 soc 主芯片研制成功并实现量产”。

3. 答案：

（1）爱芬集团在每一个国家都采取双维度结构，将公司按区域和业务维度进行划分，区域经理负责自行开发新产品，开发市场与政府公关，而业务经理则负责全球的产品战略决策，所以爱芬集团采取的横向组织结构是矩阵制组织结构。(4 分)

（2）爱芬集团采用矩阵制组织结构，双重管理需要良好的沟通，但是该集团虽然通过大量的管理文件描述区域经理和业务经理的职责和相互关系，不断地培训使经理们了解自己

的角色，开发新的信息系统，加强信息共享，但是依然无法解决区域经理与业务经理之间的沟通问题。(2 分)

矩阵制组织结构的缺点：一是可能导致权力划分不清晰（比如谁来负责预算），并在职能工作和项目工作之间产生冲突。二是双重权力容易使管理者之间产生冲突。如果采用混合型结构，非常重要的一点就是确保上级的权力不相互重叠，并清晰地划分权力范围。下属必须知道其工作的各个方面应对哪个上级负责。三是管理层可能难以接受混合型结构，并且管理者可能会觉得另一名管理者将争夺其权力，从而产生危机感。四是协调所有的产品和地区会增加时间成本和财务成本，从而导致制定决策的时间过长。(2 分)

4. 答案：

（1）乙公司进行五力模型分析主要考虑了替代品威胁和消费者议价能力威胁。替代品方面：由于科技进步市场上出现了性能比乙公司高的同类产品，且价格低于乙公司产品，此时替代品性能—价格比高于乙公司，乙公司面临的替代品威胁较大；消费者议价能力方面：消费者对产品性价比要求越来越高，越来越精明，议价能力逐步增强，乙公司面临较大的消费者议价能力威胁。

（2）由材料可知，本国产能严重过剩，市场增长率下降较快，替代品威胁使利润空间降低，消费者对产品性价比要求高，说明产业处于衰退期，该阶段的战略目标是防御，获取最后的现金流；印度市场对乙公司产品需求旺盛，家具市场需求增长迅速，说明产业处于成长期，该阶段的战略目标是争取最大的市场份额，并坚持到成熟期的到来。

（3）战略群组分析的作用：一是有助于很好地了解战略群组间的竞争状况，主动地发现近处和远处的竞争者，也有助于了解某一群体与其他群体间的不同；二是有助于了解各战略群组之间的移动障碍；三是有助于了解战略群组内企业竞争的主要着眼点；四是可以预测市场变化或发现市场机会。

四、综合题

答案：

基准类型主要包括内部基准、竞争性基准、过程或活动基准、一般基准、顾客基准五种类型。(1 分)

内部基准。即企业内部各个部门之间互为基准进行学习与比较。(1 分)

竞争性基准。即直接以竞争对手为基准进行比较。(1 分)

过程或活动基准。即以具有类似核心经营内容的企业为基准进行比较，但是两者之间的产品和服务不存在直接竞争的关系。(1 分)

一般基准。即以具有相同业务的企业为基准进行比较。(1 分)

顾客基准。即以顾客的预期为基准进行比较。(1 分)

2005 年米源科技以同样经营自动售货机的中合公司为基准，是以竞争对手为基准进行比较的，所以是竞争性基准。(1 分)

【该题针对“风险管理策略的工具”知识点进行考核】

决定企业竞争优势主要的判断标准有：

资源的稀缺性。(1 分)

资源的不可模仿性：①物理上独特的资源；②具有路径依赖性的资源；③具有因果含糊

性的资源；④具有经济制约性的资源。(1分)

资源的不可替代性。(1分)

资源的持久性。(1分)

企业具有竞争优势的资源是企业多年积累下来的对自动售货机的维护和管理经验，这是需要经过长期积累才能获得的资源，所以是资源的不可模仿性中的具有路径依赖性的资源。(2分)

【该题针对“风险管理策略的工具”知识点进行考核】

米源科技实施的总体战略类型是纵向一体化战略中的后向一体化战略。(1分)

理由：后向一体化战略是指获得供应商的所有权或加强对其控制权。米源科技是以自动售货机销售、维护、管理为主营业务的企业，重要部件购买合同到期后，决定自己投资生产所需的几个零部件，属于后向一体化战略。(1分)

后向一体化战略的主要适用条件包括：

①企业现有供应商的供应成本较高或者可靠性较差而难以满足企业对原材料、零件等的需求；(0.5分)

②供应商数量较少而需求方竞争者众多；(0.5分)

③企业所在产业的增长潜力较大；(0.5分)

④企业具备后向一体化所需的资金、人力资源等；(0.5分)

⑤供应环节的利润率较高；(0.5分)

⑥企业产品价格的稳定对企业而言十分关键，后向一体化有利于控制原材料成本，从而确保产品价格的稳定。(0.5分)

【该题针对“风险管理策略的工具”知识点进行考核】

企业战略联盟形成的动因：

①促进技术创新；②避免经营风险；③避免或减少竞争；④实现资源互补；⑤开拓新的市场；⑥降低协调成本。(1分)

米源科技采用的是战略联盟中的相互持股投资。因为相互持股投资是联盟成员之间通过交换彼此的股份而建立的一种长期相互合作关系。企业与河北生产厂互换10%的股份，建立长期的相互合作关系，属于战略联盟中的相互持股投资。(1分)

【该题针对“风险管理策略的工具”知识点进行考核】

董事会和风险管理委员会的职责不合适。(1分)

理由：审议企业全面风险管理年度工作报告是董事会应尽的职责，而提交全面风险管理年度报告是风险管理委员会应尽的职责。(1分)

风险管理职能部门的职责合适。(1分)

【该题针对“风险管理策略的工具”知识点进行考核】

米源科技采用的风险管理策略的工具是风险对冲。(1分)

理由：风险对冲是指采取各种手段，引入多个风险因素或承担多个风险，使得这些风险能够互相对冲，所以米源科技为防止汇率波动影响公司最后利润，公司财务部使用相关衍生产品进行对冲，锁定大部分货款汇率，属于风险对冲。(1分)

【该题针对“风险管理策略的工具”知识点进行考核】

2020年注册会计师全国统一考试《公司战略与风险管理》全真模拟试题（三）

一、单项选择题（本题型共24题，每题1分，共24分。每题只有一个正确答案，请从每题的备选答案中选出一个你认为正确的答案）

1. 为高净值客户提供理财咨询服务的天元公司采用平衡计分卡衡量企业业绩，并把主要客户的收益率作为一项重要考核指标。该指标属于平衡计分卡的（　　）。

A. 财务角度　　B. 顾客角度

C. 内部流程角度　　D. 创新与学习角度

2. 下列不属于评估战略备选方案通常使用标准的是（　　）。

A. 战略的适宜性　　B. 战略的可接受性

C. 战略的可行性　　D. 战略的可操作性

3. （　　）的情况下，替代品的威胁高。

A. 替代品价格低于产业现有产品价格

B. 转换成本高

C. 替代品质量低于产业现有产品质量

D. 替代品价格高于产业现有产品价格

4. 战略群组是指在一个产业中，具有（　　）战略的各企业所组成的群体。

A. 相同或相异　　B. 相同或相似　　C. 相异或相似　　D. 相异或类似

5. 从产品生命周期各阶段特点来看，市场销售量基本稳定的阶段属于（　　）。

A. 导入期　　B. 成长期　　C. 成熟期　　D. 衰退期

6. 宏观环境分析常用的模型是（　　）。

A. SWOT分析模型　　B. PEST模型

C. 五种竞争力模型　　D. 生命周期分析模型

7. 七彩公司以“文化娱乐性”和“观光游览性”为两维坐标，将旅游业分为不同的战略群组，并将“文化娱乐性高、观光游览性低”的文艺演出与“文化娱乐性低、观光游览性高”的实景旅游两类功能结合起来，率先创建了“人物山水”旅游项目，它将震撼的文艺演出置于秀丽山水之中，让观众在观赏歌舞演出的同时将身心融于自然。七彩公司采用战略群组分析的主要思路是（　　）。

A. 了解战略群组间的竞争状况

B. 了解战略群组间的“移动障碍”

C. 预测市场变化或发现战略机会

D. 了解战略群组内企业竞争的主要着眼点

8. 大型商场为不同地区分店选择重点销售商品时，会考虑到每个地区中居民的一般消费特性，其中一个分类是按居民的平均收入水平的高低，将居民消费者划分为高收入、中等收入及低收入三个客户群组，该细分过程属于（　　）。

A. 价值细分　　B. 人口细分　　C. 财富细分　　D. 购买特性细分

9. 龙苑公司是一家制作泥塑工艺品的家族企业。该公司成立100多年来，经过世代相传积累了丰富的泥塑工艺品制作经验和精湛技艺，产品远销国内外。目前一些企业试图进入泥塑工艺品制作领域。根据上述信息，龙苑公司给潜在进入者设置的进入障碍是（　　）。

A. 资金需求　　B. 学习曲线

C. 行为性障碍　　D. 分销渠道

10. 集新企业是一家高科技企业，企业的主导思想是实现目标，并且企业强调速度和灵活性，下列关于该类企业的说法正确的是（　　）。

A. 该企业文化属于权力导向型

B. 该企业文化具有稳定性、持续性的优点

C. 无连续性是这类企业的一个特征

D. 该类企业的职权往往是多余的

11. 下列关于战略控制和预算控制的说法错误的是（　　）。

A. 预算控制通常在预算期之后纠正行为，战略控制是不断纠正行为

B. 预算控制的重点是内部，而战略控制的重点是外部

C. 预算控制采用定量方法，战略控制既采用定量方法，也采用定性方法

D. 战略控制的期间长于预算控制

12. 国外研究表明，在拥有1 000名员工的公司里，管理层次为4个，即总经理、部门的经理、一线的管理人员以及基层的员工。泰兴公司是一个拥有2 000余名员工的高科技企业，该企业拥有多达12个管理层次，据此判断泰兴公司的组织结构属于（　　）。

A. 扁平型组织结构　　B. 高长型组织结构

C. 矩阵制组织结构　　D. 职能制组织结构

13. 在成熟产业中选择竞争战略时，如果是大批量生产则采用（　　）战略较好。

A. 差异化战略　　B. 集中战略　　C. 成本领先战略　　D. 市场开发战略

14. 佳宝公司是一家上市公司，最近连续两年亏损，经营陷入困境。经审计发现，佳宝公司的重大决策权一直被控股股东控制，控股股东把佳宝公司当作“提款机”，占用佳宝公司的资金累计高达10亿元。佳宝公司存在的公司治理问题属于（　　）。

A. 代理型公司治理问题

B.“内部人控制”问题

C. 剥夺型公司治理问题

D. 企业与其他利益相关者之间的关系问题

15. “不把鸡蛋放在一个篮子里”是（　　）应对策略的反映。

A. 风险对冲　　B. 风险转移　　C. 风险保留　　D. 风险规避

16. 甲公司是一家日化企业，旗下品牌众多，其洗发水品牌市场占有率达到35%。为了进一步提高销量，公司针对消费者对价格的敏感性，采用买赠的措施，力争销量有所突破。此种战略属于（　　）。

A. 市场渗透战略　　B. 产品开发战略　　C. 市场开发战略　　D. 成本领先战略

17. Y公司是一家豆油生产企业，每隔三个月需要与供应商签订下季度的购货协议，签订协议时Y公司同时买入大连交易所三个月以后到期的大豆合约。Y公司进行金融衍生品交易的类型是（　　）。

A. 远期合约　　B. 互换交易　　C. 期货　　D. 期权

18. 嘉利啤酒公司通过数据分析发现，其产品的89%是被50%的顾客（重度饮用啤酒者）消费掉的，另外50%顾客（轻度饮用啤酒者）的消费量只占总消费量的11%。该公司据此推出了吸引重度饮用啤酒者而放弃轻度饮用啤酒者的促销策略。该公司进行市场细分的依据是（　　）。

A. 地理细分　　B. 人口细分　　C. 行为细分　　D. 心理细分

19. 在风险管理基本流程中，风险辨识的主要任务是（　　）。

A. 识别和了解企业面临的各种风险

B. 分析和描述风险发生可能性的高低

C. 评估风险对企业实现目标的影响程度

D. 针对出现的风险制定应对办法

20. 以下关于企业全面风险管理的说法中，错误的是（　　）。

A. 全面风险管理是企业系统的、有重点的、持续的行为

B. 全面风险管理主动积极地将风险管理作为价值中心

C. 全面风险管理主要由财务会计主管和内部审计部门负责

D. 全面风险管理的焦点在所有利益相关者共同利益最大化上

21. 面对国外著名医药公司在中国市场上不断扩张，多年从事药品研发、生产和销售的康达公司为了自身的长期发展，把药品的生产和销售业务转让给其他公司，同时与国外某医药公司合作专注于新药品的研发业务。从本土企业战略选择的角度看，康达公司扮演的角色可称为（　　）。

A. 防御者　　B. 扩张者　　C. 抗衡者　　D. 躲闪者

22. 根据《企业内部控制应用指引》的有关规定，下列各项关于企业合同管理的表述中，正确的是（　　）。

A. 企业对影响重大或法律关系复杂的合同文本，应当组织内部相关部门进行审核

B. 企业对外发生经济行为，应当订立书面合同

C. 合同文本一般由法律部门起草，公司一把手审核

D. 正式对外订立的合同，应当由企业法定代表人签名并加盖有关印章

23. 根据《企业内部控制应用指引》的有关规定，以下关于企业投资活动的说法中，正确的是（　　）。

A. 转让投资必须委托具有相应资质的专门机构进行评估，并报授权批准部门批准

B. 重大投资项目应当按照规定的权限和程序实行集体决策或联签制度

C. 企业选择投资项目应当突出主业，不得从事股票投资或衍生金融产品等高风险投资
D. 投资方案发生重大变更的，应视情况决定是否重新进行可行性研究并履行相应审批程序

24. 甲公司是一家上市公司，2017 年成立了内部控制评价组对公司内部控制进行评价。评价组在对销售业务内部控制进行测试时，任意抽取了一笔销售业务，获取了原始单据，跟踪交易从产生到会计处理、信息系统、财务报告编制和报告的全过程。该评价组运用的内部控制评价方法是（ ）。

A. 实地查验　　B. 比较分析　　C. 穿行测试　　D. 抽样

二、多项选择题（本题型共 14 题，每题 1.5 分，共 21 分。每题均有多个正确答案，请从每题的备选答案中选出你认为正确的所有答案。每题所有答案选择正确的得分；不答、错答、漏答均不得分）

1. 按照波特的五种竞争力分析模型，下列各项因素中，可能对某家航空公司获取产业竞争优势产生有利影响的是（ ）。

A. 航空业的巨额资本投入
B. 航空公司实行里程积累计划
C. 高额的飞行员和技师培训费用
D. 目前生产大型商用飞机的公司主要有波音和空中客车两家公司

2. 快餐业由很多中小餐饮企业组成；其中没有任何一个企业占有显著的市场份额或对整个产业的发展产生重大影响。造成快餐业上述状况的原因有（ ）。

A. 快餐业进入障碍低
B. 快餐业的经营成本变化迅速
C. 快餐业难以达到规模经济
D. 快餐市场需求多样导致高度产品差异化

3. 下列属于企业无形资源的有（ ）。

A. 品牌　　B. 商誉　　C. 企业文化　　D. 组织经验

4. 某企业投资资本回报率为16%，销售增长率为11%，企业资本成本为12%，可持续增长率为9%，对该企业财务战略的选择说法中正确的有（ ）。

A. 该企业首选战略是提高可持续增长率
B. 该企业属于减损价值型现金短缺
C. 该企业属于创造价值型现金短缺
D. 若是暂时性高速增长，可借款筹资

5. 甲公司是上海一家集团企业，其核心业务为批发外国高级品牌的休闲服及内衣。其他业务包括代理世界各地不同品牌的化妆品、手表和鞋。最近，甲公司购入了在国内拥有五家玩具连锁分店的乙公司，并与丙公司签订战略联盟协议参与餐饮业务。为配合甲公司的总体战略实施，甲公司可以选择的组织结构类型有（ ）。

A. 产品/品牌事业部制组织结构　　B. 职能制组织结构
C. M 型企业组织结构　　D. 创业型组织结构

6. 甲公司经过多年的苦心经营，先是通过内部发展，在钢铁行业占据了较强的位置。后来又通过并购的方式进军了金融、教育、酒店经营等多个行业，企业规模也不断攀升。根

据以上信息可以判断，下列组织结构适用于该企业的有（　　）。

A. 职能制组织结构　　B. 事业部制组织结构

C. 战略业务单位组织结构　　D. 创业型组织结构

7. 惠丰公司是一家柴油机生产企业。最近，该公司拟把业务延伸到农机生产领域。下列各项中，属于惠丰公司进入新产业所面临的结构性障碍有（　　）。

A. 现有农机企业采取限制进入定价行为

B. 现有农机企业的品牌优势

C. 政府颁布的农机产业进入政策

D. 现有农机企业对销售渠道的控制

8. 诗亚尔集团公司创建于20世纪七十年代末，经过30多年的发展，逐步建立了以纺织、服装、房地产、国际贸易为主体的多元化并进、专业化发展的经营格局。为配合企业的多元化发展，该集团可以采用的组织结构类型是（　　）。

A. 职能制组织结构　　B. 战略业务单位组织结构

C. 矩阵制组织结构　　D. 创业型组织结构

9. 下列关于M型企业组织结构的说法正确的有（　　）。

A. 在不同事业部之间分配资源容易产生矛盾

B. 便于企业的持续成长

C. 不会在事业部之间滋生职能失调性的竞争和摩擦

D. 不同事业部之间转移价格的确定也会产生冲突

10. 甲公司是在上海证券交易所上市的钢铁生产企业。甲公司60%以上的铁矿石从巴西淡水河谷公司进口。甲公司的长期债务中，长期银行借款占80%。下列各项中，属于甲公司在日常经营中面临的市场风险的有（　　）。

A. 利率、汇率风险　　B. 股票价格风险

C. 产品或服务价格变化带来的风险　　D. 流动性风险

11. 经过多次磋商签订协议后，汽车制造商甲公司凭借自有资金2亿元和发行债券融资5亿元，实现了对汽车零部件商乙公司的收购。从并购的类型来看，上述收购属于（　　）。

A. 杠杆收购　　B. 前向收购　　C. 友善收购　　D. 金融资本收购

12. 企业内部控制缺陷中的运行缺陷类别包括下列（　　）。

A. 未建立授权机制与不相容职务岗位分离制度

B. 物资采购申请金额超标，未向上级公司安排大宗物品采购

C. 未定期盘存固定资产

D. 董事会审计委员会构成中包含了公司财务总监

13. 某矿业集团近期收购了厄瓜多尔铜矿，集团风险管理部派李辉驻该铜矿担任中方管理人员，并负责该铜矿的风险管理工作。根据该国现有情况，李辉建议集团采取以下措施：向国际保险公司对该项目政治风险投保，在原料、零配件的采购上适当以当地企业优先。李辉用以应对该铜矿风险的措施有（　　）。

A. 风险控制　　B. 风险规避　　C. 风险转移　　D. 风险保留

14. 企业文化要想成为企业竞争优势的源泉，应具备的条件包括（　　）。

A. 企业文化必须为企业创造价值

B. 企业文化能最终影响企业的经营结果

C. 企业文化是企业所特有的

D. 企业文化是很难被模仿的

三、简答题（本题型共4小题30分。其中一道小题可以选用中文或英文解答，请仔细阅读答题要求。如果用英文解答，须全部使用英文，答题正确的，增加5分。本题型最高得分为35分。在答题卷上解答，答在试题卷上无效）

1.（本小题6分，可以选用中文或英文解答，如使用英文解答，须全部使用英文，答题正确的，增加5分，最高得分为11分）

X公司是一大型上市公司，X公司董事会起草并制定了非常全面的内部控制规章制度，董事长认为每个员工都是好员工，大家都会自觉地遵守企业制定的规章制度，从而其领导的内部审计部门人手很少，在遇到大型的审计项目的时候，临时从被审计的部门调取熟悉审计业务的人员。企业另外设有风险管理部门，识别和分析影响目标实现的风险，对于识别出的风险，不论付出多大的代价，一律采取风险规避策略予以应对。企业倡导员工信息传递的真实性，严格规定有关信息必须逐层传达。另外，财务部门人手较为紧张，一人长时间处在同一岗位或者同时兼任多个岗位的现象普遍存在。

要求：

（1）COSO内部控制框架的五个要素是什么？

（2）根据COSO内部控制相关理念，指出资料中对于五要素哪个方面存在问题，简要说明理由。

2.（本小题8分）

幸福寿司店是一家处于成长期的公司，其主要通过电话或网络定购的方式销售日本生鱼片和寿司。公司产品销售状况良好，净利水平已经达到了历史最高，但是通过分析发现，公司的利润还有上升的空间，原因是目前的费用支出非常高，还有节省的空间。针对每年居高不下的费用支出，公司决策层决定在全公司各个部门实行预算管理。要求每个部门在考虑未来实际支出需要的基础上重新编制本部门的预算，并在年底时对预算执行情况进行考核，考核结果与部门领导和员工的报酬直接挂钩。通过这种方式，公司绩效得到了明显改善。为了进一步激励管理层，公司决定采用平衡计分卡来计量以后年度的绩效。并要求从时间及时性、寿司等产品质量、种类可选性、微笑服务搞好与客户的关系，以及干净整洁的门面等方面树立好公司形象，从这些角度提高客户满意度。

（1）该公司采取的预算管理办法中，主要采取的是哪种预算编制办法？

（2）该种预算编制办法有什么优缺点？

（3）简述平衡计分卡的四个角度，并说明它的关键驱动指标（最少说明两个）；

（4）说明公司在提高客户满意度方面所做的属于何种指标，并简述还可以从哪些角度和指标改进？

3.（本小题8分）

太阳公司是G省一家于2013年发行股票并上市的公司，主营水泥及水泥制品的生产和销售。2018年5月，某财经媒体深度报道了太阳公司存在的多种经营违规行为。该报道在微博等网络平台上成为热话题后，G省证监局迅速反应，立案调查。

根据证监局的调查结果，太阳公司经营违规行为主要有以下几点：

（1）2016年9月，太阳公司与银行签署一笔担保合同，为大股东星科集团5 000万元的贷款提供担保，承担连带保证责任。2016年11月，星科集团向龙辉公司借款2亿元，太阳公司为该笔借款提供担保，到期后星科集团没有偿还借款，龙辉公司向法院提起诉讼，法院做出判决，太阳公司作为该笔借款担保方，须和星科集团共同偿还债务本金和利息。这两笔担保均没有在2016年年报中进行信息披露。

（2）太阳公司从甲公司购进熟料等重要原材料，双方签订了长期供应合同，价格比市场价高40%。太阳公司还从乙公司以租赁的方式引入一台机器设备，租赁费用每年5 000万元，同样的设备市场租赁价格为4 000万元。经查，甲公司和乙公司均为星科集团全资控制的子公司。

（3）太阳公司在2017年年底向星科集团以每股6元价格定向增发1亿股，当时太阳公司股价为每股12元，相当于5折进行定向增发。

（4）太阳公司发布公告，拟购买丙公司100%股权。由于丙公司拥有物联网概念，所以太阳公司发布公告后10个交易日内，股价大涨70%。发布公告前几天，星科集团实际控制人刘某买入太阳公司股票100万股，在公告发布后卖出，获利600万元。经查，刘某买卖股票的时间都属于证监会认定的敏感期。

（5）2017年5月，太阳公司收购了大股东星科集团持有的丁公司的全部股权，收购价格为20亿元，而丁公司账目净资产为5 000万元，盈利能力较差，业内专家质疑是超溢价收购。

（6）2016年太阳公司1.4亿元的销售费用未及时入账，造成2016年年度报告虚假记载。此外，与星科集团多笔资金往来事项并未披露和记账，导致太阳公司在2016年和2017年年报中存在信息不实、虚假记载的情况。而太阳公司上述年报经过注册会计师审计后，审计师都出具了标准无保留的审计意见。证监局根据以上调查结果，依法对太阳公司及其大股东星科集团进行了行政处罚。

要求：

（1）依据“三大公司治理问题”，简要分析太阳公司存在的终极股东“隧道挖掘”的利益输送行为的主要表现。

（2）简要分析公司治理基础设施在本案例中发挥作用的情况。

4.（本小题8分）

服装行业是我国的传统优势产业，在国民经济中占据了重要地位，同时是我国出口构成的重要产品，因此服装行业对宏观经济的波动反应明显，国内外经济形势都会通过消费来影响服装行业。而且服装行业竞争较为充分，行业集中度不高。由于市场供大于求，加上行业市场的整体低迷，产品同质化问题的不断加深，市场竞争日趋激烈，行业整体盈利水平明显下滑。

A公司是一家外贸型服装加工企业，产品60%出口，40%通过国内大型超市销售。2008年发生金融危机后，国外市场受经济波动影响，订单大幅减少，企业资金压力巨大。近年国外经济虽有一定好转，但前景仍不明朗。相比之下，在国内几家大型超市的销售还算不错。公司与超市约定的账期一般为一个月。但经常发生拖后情况，有时长达3个月还拿不到货款，进一步加剧了公司的资金问题。为此公司与当地银行签署协议，该银行承诺在A

公司遇到紧急资金需求时在约定额度内优先给予贷款。

A公司面料全部从意大利进口，意大利近年通货膨胀严重，几家主要面料供应商经营也面临问题，供货时常中断。

要求：

（1）简要分析A公司目前遭受风险的类型。

（2）简要分析A公司为应对资金问题采取的措施类型，并分析其特点。

四、综合题（本题型共1题，25分。在答题卷上解答，答在试题卷上无效）

资料一

20世纪90年代，兰微公司在C国推出微波炉产品。兰微公司充分利用市场对微波炉产品价格的高度敏感，通过集中生产少数品种、规模经济、减少各种要素成本、提高生产效率、不断改进产品工艺设计、承接外包等多种手段降低成本，以“价格战”不断摧毁竞争对手的防线，抬高行业的进入门槛，使自己成为微波炉行业的“霸主”，国内市场占有率超过70%，全球产量占比超过30%。国内微波炉生产厂商从超过200家迅速下降到不足30家。

1999年，在众人的质疑声中，光美公司宣布大举进入微波炉行业。光美公司当时的战略决策是基于两点理由：一是从制造技术的角度看，微波炉和光美公司已生产的电饭煲、电磁炉等产品都是使用电能转换加热系统，因此对微波炉的技术研发、生产制造和营销网络都有着极其便利的条件和经验，还可以利用光美公司在其他厨具小家电市场上树立的品牌优势开拓市场；二是光美公司的主打产品空调、风扇等，销售旺季集中在每年的3～8月，在其余时间里资金和经销商资源的利用都明显不足，而推出微波炉产品可以弥补这一缺陷，有利于优化公司整体运作和产品结构，建立新的增长点。

对于光美公司的挑战，兰微公司予以迎击，不仅再次祭起了“价格战”的大旗，而且宣布大举进军光美公司已拥有优势的产业，如空调、冰箱、风扇、电暖气等产业。针对兰微公司的行为和兰微公司价格血洗形成的行业规模壁垒，光美公司的微波炉业务确立了“低成本、规模化”的跟随发展策略，利用光美公司强大的品牌优势、销售网络和资源实力，以“低价渗透”的方式与兰微公司展开正面的激烈对抗，开启了微波炉行业“两强争霸”的征程。

在与兰微公司竞争力的对比分析中，光美公司清楚地看到，自己的微波炉业务竞争地位不稳固，多年来一直被迫接受价格战，而没有通过差异化创新建立与兰微公司相抗衡的产品特色和品牌形象。

2006年，在一次光美公司每年例行的经营策略高层研讨会上，与会人员对微波炉行业的发展趋势和公司应对策略形成了统一的判断和认识。

与炉灶等加热工具相比，微波炉具有多种优点，它不仅能快速加热或烹调食物，而且没有油烟，还能保持食物的原汁原味与减少营养损失。在C国，虽然80%以上的家庭已经使用微波炉，但微波炉只是作为一个加热工具，它的多种优点还未被消费者充分认识。同时，市场上的微波炉设计、构造与性能雷同，缺少创新型产品。如果能够开发并向市场推出使消费者迅速认识并接受微波炉的多种优点的产品，微波炉市场将进入另一个高速发展期。

光美公司对全球微波炉产销调研情况显示，在国际市场，日本韩国垄断了中高端市场，C国企业控制了中低端市场，而全球微波炉市场中低端制造向C国转移已经接近尾声。随着材料成本、物流成本的快速上升，微波炉行业的利润空间将进一步缩小。日本韩国企业由于在规模、产业链的配套上不如 C 国企业，成本劣势将进一步凸显，只能逐步退出制造领域，因此为 C 国企业进入中高端制造领域、实现中高端产品出口增长提供了机会。

与会人员一致认为，公司应当从以跟随为主的“低成本”战略向“差异化”战略转变；公司竞争的焦点应当从关注竞争对手向关注消费者、关注客户需求转变；用 3 ~ 5 年时间，扭转目前品牌竞争的被动局面，由“中低端”向“中高端”转变，最终超越兰微公司成为全球微波炉行业霸主，成为全球最优秀的微波炉供应商。

资料二

光美公司于 2006 年在国内率先推出具备蒸功能的产品，这不仅是第一款针对国内市场消费者使用习惯开发的本土化创新产品，实现了 C 国传统烹饪习惯与微波炉功能优点的有效结合，而且在核心技术上形成了对兰微公司的技术壁垒，突破了兰微公司的价格和产品封锁。经过将近一年的推广，市场反响很好，显示了巨大的发展潜力。光美公司决定通过对微波炉“蒸功能”的持续升级和传播实现战略转型，扭转在国内市场上竞争的被动局面。

2007 年，公司确立了以 80 后白领阶层以及一二线城市家庭作为具备“蒸功能”微波炉的主要目标客户群，推出了第二代具备蒸功能的产品——“全能蒸”微波炉，这款微波炉可以使国内八大菜系的代表性菜式烹饪通过“蒸功能”实现，并将健康、营养、口感、杀菌与外观的时尚及使用的安全、便捷完美地结合在一起。此后，光美公司以“蒸功能”为主题的产品功能不断升级，针对不同消费群体的产品线不断扩充，“蒸文化”逐步普及，公司和产品的品牌形象日益鲜明。

2008 年，光美公司发布了 5 个系列 14 款“蒸功能”微波炉。该产品在智能化、时尚设计方面对第二代产品进行了升级，并针对不同细分市场推出系列新品。

2009 年，公司第三代产品“蒸立方”面世，该款产品创造了三项纪录：首创新的蒸技术，即不借助其他器具，由蒸汽将食物蒸熟；首创炉腔内蒸汽温度达到 300℃，使食物脱脂减盐，更有效地保留营养；首创自动供水、排水系统，使用更加便捷，也更省电。

2010 年，光美公司发布第五代“蒸功能”系列新品，新产品顺应节能、绿色、环保的时代潮流，率先将历时 4 年开发的变频技术应用在微波炉上，产品更节能。同时，光美公司宣布，退出 300 元以下微波炉市场，主流变频蒸立方产品价格集中在 3 000 ~ 5 000 元，最高端变频高温产品的零售价格高达 10 000 元。

2012 年光美公司发布了半导体、太阳能和云技术微波炉三大创新产品，而且宣布把蒸立方作为独立的高端品牌。从 2012 年开始，超市系统将停止销售 399 元以下产品，在连锁销售系统中将停止销售 599 元以下产品。光美公司解释，从光美公司掌握的数据看，国内市场的高端化消费趋势已经非常明显，低端产品对消费者已不具吸引力。

光美公司在不断创新和推出产品的过程中，成功地开展了一系列促销活动。

2006 年，光美公司开启了以“食尚蒸滋味”为主题的全年推广活动，首次在各大电视台开展广告营销活动，同时在全国主要市场开展产品的循环演示活动。2008 年，光美公司主办了“蒸夺营养冠军”的全国推广活动。2009 年，光美公司推出“全蒸宴”的全国演示推广活动。2010 年，光美公司推出“蒸出营养与健康——光美公司蒸立方”微波炉的电视形象广告片。

配合线上的品牌广告推广以及线下的循环演示活动，2010 年光美公司耗巨资在国内主要城市的核心终端，开辟了 1 000 个“蒸立方”品牌专柜。

2011年公司开发上线了新一代营销管理系统，该系统实现了全国主要终端的销售、库存数据动态更新，公司能及时了解市场销售变化情况。2012年光美公司推出另一项重大变革措施，变以产定销为以销定产。这项变革成效显著，仅2012年第一个季度工厂库存就下降了60%。

自2007年起，光美公司在海外前15大市场设立了区域经理，同时针对不同区域的主流客户设立了专门的产品开发团队。通过资源的聚焦、本土化市场拓展以及公司技术、品质等后台支持体系的不断强化，至2010年，光美公司生产的微波炉在9个国家成功实现对竞争对手产品的超越，在10个国家中市场占有率排名首位。

资料三

提升自主创新能力一直是光美公司努力的方向和管理的重点。光美公司在这方面开展的主要工作有：

（1）确定公司技术发展方向以及技术发展路线。2009年公司制定了三年技术路线图，其中不仅规划出公司主要技术发展方向，而且第一次将产品实现技术（关键制造技术）纳入技术规划中，形成基础研究、核心技术研究、产品开发的阶梯创新模式，实现了技术与市场的有效对接。

（2）开展广泛技术合作。2008年光美公司引进变频器开发的鼻祖——日本D公司的变频技术以及高温蒸汽技术和生产工艺。经过一年多的消化吸收，公司于2010年在国内市场推出“变频蒸立方高端新品”，树立了光美公司在微波炉“蒸功能”上的绝对技术领先地位。此外，公司广泛开展与国内外科研院校、零部件供应商在研发项目上的合作。公司还与其他单位建立联合实验室，开展长期的合作研究。

（3）投入巨资改善软硬件条件。到2012年底，光美公司研发体系的人员从转型前的约100人增加到240人，形成了10多个前沿、关键技术研究团队。公司调整了研发项目激励方式，提高了基础研究项目的激励比例。同时，公司调整了科技人员的薪酬结构，减少年底绩效收入，提高固薪，以稳定研发队伍。公司累计投资3亿多元，建立了包括零部件质量检验、整机性能寿命检测、消费者体验研究、营养分析等在内的全球最先进最完善的研发测试体系。

（4）大刀阔斧进行组织变革。2009年之后，公司不断完善基于以市场、客户为导向的矩阵式管理模式，各产品、客户经理对经营结果负责，并拥有相应的产品企划和定价、供应商选择、人员选择等关键决策权力；其他管理人员在各自职责体系中对产品、客户经理经营提供后台支持。

（5）变革学习、考核机制。公司不断加大对各类人员培训的投入，同时转变培训方式。公司要求中高层管理者每年必须走访市场不少于4次，倾听市场和客户的声音。公司定期组织中高层管理者赴日本韩国企业进行学习交流取经。公司每年投入超过1 000万元的培训费用用于员工的专业技能培训。公司出台专项政策，鼓励员工进行再学习、再深造。公司经常组织读书心得分享会，书目由公司总经理亲自选定，均与公司当期推动的变革措施有关。光美公司的绩效导向文化逐渐深入员工骨髓，公司也结合各阶段工作重点在绩效考核导向方面进行不断调整和优化。

（6）提高成本竞争力。为了避免差异化成本过高，光美公司通过加大部件自制、精益运营、加强价值链信息共享和协同降低运营成本等手段来创新成本管控，解决成本与结构升级的矛盾，应对资源要素价格的持续上升，保证成本优势。

经过多年的努力，光美公司在2010 年成功超越兰微公司成为微波炉出口冠军；在 2012 年，光美公司微波炉国内市场品牌价格指数全面超越兰微公司，由行业跟随者升级为行业领导者，跳出行业“价格战”的恶性循环，实现了企业业绩持续增长。

要求：

（1）简要分析光美公司实行多元化经营进入微波炉产业的动因（即采用多元化战略的优点）。

（2）简要分析兰微公司微波炉产品实施成本领先战略的条件（从市场情况、资源能力两个方面）与风险。

（3）简要分析光美公司微波炉产品战略转型、实施差异化战略的条件（从市场情况、资源能力两个方面），以及光美公司如何防范差异化战略的风险。

（4）简要分析兰微公司为阻止光美公司进入微波炉产业所设置的行为性障碍。

（5）简要分析光美公司战略变革的动因和主要任务。

（6）简要分析光美公司战略转型中研发的类型、动力来源和定位。

（7）依据市场营销组合四个要素，简要分析光美公司如何运用市场营销来实现战略转型。

2020 年注册会计师全国统一考试
《公司战略与风险管理》全真模拟试题（三）
参考答案及解析

一、单项选择题

答案：A

解析：主要客户的收益率属于平衡计分卡中的财务角度。选项 A 正确。

2. 答案：D

解析：评估战略备选方案通常使用三个标准：（1）战略的适宜性；（2）战略的可接受性；（3）战略的可行性。

3. 答案：A

解析：当替代品比该产品价格低时，购买方更愿意选择同样可以满足需求的替代品。所以选项 A 正确。选项 B 转换成本高，替代品威胁小。选项 C 替代品质量低于现有产品质量，替代品威胁小。选项 D 替代品价格高于现有产品价格，替代品威胁小。

4. 答案：B

解析：战略群组指的是一个产业中具有相同或相似战略的各企业所组成的群组。

5. 答案：C

解析：成熟期是一个相对稳定的阶段，各年的销售量之间的变动较小，利润增长幅度也较小，产业内竞争变得更加激烈。

6. 答案：B

解析：宏观环境分析也被称作 PEST 分析。可用 PEST 模型客观地分析企业所处的外部环境，强调对企业组织产生影响的关键因素并识别企业所面临的机会和威胁。五种竞争力模型和生命周期分析模型均属于外部产业环境分析的方法；SWOT 分析是兼顾内部资源、能力与外部环境相协调的一种分析方法。

7. 答案：C

解析："率先创建了'人物山水'旅游项目，它将震撼的文艺演出置于秀丽山水之中，让观众在观赏歌舞演出的同时将身心融于自然"体现的是预测市场变化或发现战略机会。选项 C 正确。

8. 答案：B

解析：人口细分，市场研究常常以年龄、收入、社会阶层、性别、地区、职业、家庭等进行划分。本题是根据居民收入进行划分的。选项 B 符合题意。

9. 答案：B

解析："经过世代相传积累了丰富的泥塑工艺品制作经验和精湛技艺，产品远销国内外"体现的是学习曲线。选项 B 正确。

10. 答案：C

解析：根据题目条件判断企业文化属于任务导向型，这类企业采用的组织结构往往是矩阵式的，为了对付某一特定问题，企业可以从其他部门暂时抽调人力和其他资源，而一旦问题解决，人员将转向其他任务。所以无连续性是这类企业的一个特征。所以选项 C 正确。

11. 答案：B

解析：预算控制的重点是内部，而战略控制的重点是外部和内部，因此选项 B 是错误的。

12. 答案：B

解析：本题考核纵向分工结构。在纵向分工中，基本有两种形式：一是高长型组织结构；二是扁平型组织结构，泰兴公司的管理层次多于平均管理层次，因此，属于高长型组织结构。

13. 答案：C

解析：在成熟产业中选择竞争战略时，如果是大批量生产则说明产品同质、无差异，因此企业应选择成本领先战略。

14. 答案：C

解析："控股股东把佳宝公司当作'提款机'，占用佳宝公司的资金累计高达 10 亿元"体现的是终极股东对于中小股东的"隧道挖掘问题"属于剥夺型公司治理问题。选项 C 正确。

15. 答案：A

解析：风险对冲是指采取各种手段，引入多个风险因素或承担多个风险，使得这些风险能够相互对冲，也就是使这些风险的影响互相抵消。常见的例子有资产组合使用、多种外币结算的使用和战略上的多种经营等。在金融资产管理中，对冲也包括使用衍生产品，如利用期货进行套期保值。

16. 答案：A

解析：市场渗透战略的基础是增加现有产品或服务的市场份额，或增加正在现有市场中经营的业务。它的目标是通过各种方法来增加产品的使用频率。

17. 答案：C

解析：本题考核风险理财的策略与方案。期货是指在约定的将来某个日期按约定的条件（包括价格、交割地点、交割形式）买入或卖出一定标准数量的某种资产。

18. 答案：C

解析：本题主要划分的依据为消费者对啤酒使用程度的划分，属于行为细分。选项 C 正确。

19. 答案：A

解析：风险辨识属于风险评估的范畴。风险辨识是指查找企业各业务单元、各项重要经营活动及其重要业务流程中有无风险，有哪些风险。

20. 答案：C

解析：传统风险管理主要由财务会计主管和内部审计部门负责，而全面风险管理是全员化参与的管理。

21. 答案：D

解析："把药品的生产和销售业务转让给其他公司，同时与国外某医药公司合作专注于新药品的研发业务"体现了躲闪者。

22. 答案：A

解析：选项B，企业对外发生经济行为，除即时结清方式外，应当订立书面合同。选项C，合同文本一般由业务承办部门起草、法律部门审核。选项D，正式对外订立的合同，应当由企业法定代表人或由其授权的代理人签名或加盖有关印章。选项A正确。

23. 答案：B

解析：本题考查《企业内部控制应用指引——资金活动》中有关知识点。选项A错误，"转让投资必要时可委托具有相应资质的专门机构进行评估"。选项C错误，"企业选择投资项目应当突出主业，谨慎从事股票投资或衍生金融产品等高风险投资"。选项D错误，"投资方案发生重大变更的，应重新进行可行性研究并履行相应审批程序"。选项B正确。

24. 答案：C

解析：穿行测试是指在流程中任意选取一项交易为样本，获取原始单据、跟踪交易从最初起源，到会计处理、信息系统和财务报告编制，直到这项交易在财务报表中报告出来的全过程。选项C正确。

二、多项选择题

1. 答案：ABC

解析：进入航空业需要大量的资本投入，表明航空业进入障碍大，有助于保护现有航空公司获取行业竞争优势，即对现有航空公司获取产业竞争优势产生有利影响，选项A正确。航空公司实行里程积累计划表明消费者的转换成本高，高额的飞行员和技师培训费用表明航空业需要大量资金投入，这都阻止潜在进入者的进入，导致产业竞争程度减弱，对现有航空公司获取产业竞争优势产生有利影响，选项B、C正确。目前生产大型商用飞机的公司主要有波音和空中客车两家公司，表明航空业供应商的议价能力强，对现有航空公司获取产业竞争优势产生不利影响，选项D错误。

2. 答案：ACD

解析：快餐产业属于零散产业。造成产业零散的原因：（1）进入障碍低或存在退出障碍。（2）市场需求多样导致高度产品差异化。（3）不存在规模经济或难以达到经济规模。

3. 答案：ABCD

解析：无形资源是指企业长期累积的、没有实物形态的，甚至无法用货币精确度量的资源，通常包括品牌、商誉、技术、专利、商标、企业文化及组织经验等。

4. 答案：CD

解析：企业的投资资本回报率大于资本成本，同时销售增长率大于可持续增长率，该企业属于创造价值型现金短缺的状态。对于该种情况，企业应分析这种高速增长是属于暂时性的还是长期性的，若是暂时性的增长，企业可以通过借款来筹集所需要的资金；若是长期性的增长，企业可采取措施来提高可持续增长率或者是增加权益资本。选项C、D正确。

5. 答案：AC

解析：该公司涉及多个业务，会有多个产品线，可以采用事业部制组织结构。包括区域事业部制结构、产品/品牌事业部制结构、客户细分或市场细分事业部制结构和M型企业组织结构（多部门结构）。

6. 答案：BC

解析：根据题干信息可以判断，该企业同时经营钢铁、金融、教育、酒店等产业，属于多元化的企业，因此合适的组织结构可能包括事业部制组织结构和战略业务单位组织结构。

7. 答案：BCD

解析：波特指出存在7种主要障碍：规模经济、产品差异、资金需求、转换成本、分销渠道、其他优势及政府政策。选项B、C、D正确。选项A属于行为性障碍。

8. 答案：BC

解析：诗亚尔集团公司多元化发展，可以采用战略业务单位组织结构和矩阵制组织结构。创业型组织结构一般来说适合于小型企业，职能制组织结构适合于单一业务企业。

9. 答案：ABD

解析：在M型企业组织结构下，由于每个事业部都希望取得更多的企业资源，因此经常会在事业部之间滋生职能失调性的竞争和摩擦。

10. 答案：ABC

解析：甲公司在日常经营中面临的市场风险中没有流动性风险。选项A、B、C符合题意。

11. 答案：AC

解析：“汽车制造商甲公司凭借自有资金2亿元和发行债券融资5亿元”说明是杠杆并购，选项A正确；“实现了对汽车零部件商乙公司的收购”说明乙公司是甲公司的上游企业，属于后向并购，选项B错误；“经过多次磋商签订协议后”说明是友善并购，选项C正确；甲公司为非金融机构，属于产业资本并购，选项D错误。

12. 答案：BC

解析：按照缺陷的本质分类，选项A、D属于设计缺陷；选项B、C属于运行缺陷。选项B、C符合题意。

13. 答案：AC

解析：风险管理工具共有七种：风险承担、风险规避、风险转移、风险转换、风险对冲、风险补偿和风险控制。向国际保险公司对该项目政治风险投保属于风险转移，在原料、零配件的采购上适当以当地企业优先属于风险控制（控制风险发生的概率）。选项A、C正确。

14. 答案：ACD

解析：企业文化可以成为维持竞争优势的一个源泉的条件：首先，文化必须为企业创造价值。其次，作为维持竞争优势的一个源泉，公司文化必须是企业所特有的。最后，企业文化必须是很难被模仿的。选项A、C、D正确。

三、简答题

1. 答案：

（1）COSO 内部控制系统的五大要素包括：控制环境，风险评估，控制活动，信息与沟通，监控。

（2）①控制环境存在问题。高级管理层的管理理念作为控制环境的重要因素，认为“大家都会自觉地遵守企业制定的规章制度”将导致控制环境薄弱，控制环境作为其他内部控制因素的根基，薄弱的控制环境必然导致企业内部控制整体的失效。

②风险评估存在问题。对于风险应对策略包括风险降低风险规避风险转移和风险保留。采取何种风险策略应该综合进行考虑，成本效益也是考虑的一个重要方面，不能不考虑付出的代价而一律采取风险规避策略。

③控制活动存在问题。财务部门存在长时间处在同一岗位和同时兼任多个岗位的现象，没有做到重要职责的划分。

④信息沟通存在问题。只强调了信息的真实性，没有强调信息传递的及时性，有关信息可以越级进行传递。

⑤监控存在问题。内部审计部门丧失了独立性，而且人手较少，无法进行持续的监察活动或单独的评估。

2. 答案：

（1）该公司要求每个部门在考虑未来实际支出需要的基础上重新编制本部门预算，因此属于零基预算。(2 分)

（2）该种预算编制办法的优缺点如下表所示：

优点	缺点
①能够识别和去除不充分或者过时的行动； ②能够促进更有效的资源分配； ③需要广泛的参与； ④能够应对环境的变化； ⑤鼓励管理层寻找替代方法。(1 分)	①它是一个复杂的、耗费时间的过程； ②它可能强调短期利益而忽视长期目标； ③管理团队可能缺乏必要的技能。(1 分)

（3）平衡计分卡共包括四个角度，四个角度分别是财务角度、顾客角度、内部流程角度、创新与学习角度。(0.5 分)

财务角度的驱动指标主要包括：股东回报、现金流、主要客户收益率、利润预期、销售增长率；顾客角度的驱动指标包括：交货时间、顾客满意度、市场份额、新客户开发率；内部流程角度的驱动指标有：在新工作中与顾客相处的时间、每个雇员的收入、收益率、交货时间、工程进度完成率；创新与学习角度的驱动指标有：新产品占销售的比例、雇员调查、主要员工保留率、员工能力评估和发展。(1.5 分)

（4）提高客户满意度的做法中属于领先指标。还可以从滞后指标角度改进。客户角度的目标和指针可以包括目标市场的销售额（或市场份额）以及客户保留率、新客户开发率、客户满意度和盈利率。卡普兰和诺顿把这些称为滞后指标。在明确价值定位的过程中，卡普兰和诺顿定义了几个与客户满意度有关的驱动指标：时间、质量、价格、可选性、客户关系和企业形象。他们把这些称为潜在的领先指标。题干中的做法是从领先指标角度提高客户满意度的，企业还可以从滞后指标入手进行改进。（2 分）

3. 答案：

（1）①直接占用资源。“2016 年 9 月，太阳公司与银行签署一笔担保合同，为大股东星科集团 5 000 万元的贷款提供担保，承担连带保证责任。2016 年 11 月，星科集团向龙辉公司借款 2 亿元，太阳公司为该笔借款提供担保”。

②商品服务交易活动。“太阳公司从甲公司购进熟料等重要原材料，双方签订了长期供应合同，价格比市场价高 40%”。

③资产租用和交易活动。“太阳公司还从乙公司以租赁的方式引入一台机器设备，租赁费用每年 5 000 万元，同样的设备市场租赁价格为 4 000 万元”。

④掠夺性融资。“太阳公司在 2017 年年底向星科集团以每股 6 元价格定向增发 1 亿股，当时太阳公司股价为每股 12 元，相当于 5 折进行定向增发”。

⑤内幕交易。“太阳公司发布公告，拟购买丙公司 100% 股权。由于丙公司拥有物联网概念，所以太阳公司发布公告后 10 个交易日内，股价大涨 70%。发布公告前几天，星科集团实际控制人刘某买入太阳公司股票 100 万股，在公告发布后卖出，获利 600 万元。经查，刘某买卖股票的时间都属于证监会认定的敏感期”。

⑥掠夺性资本运作。“2017 年 5 月，太阳公司收购了大股东星科集团持有的丁公司的全部股权，收购价格为 20 亿元，而丁公司账目净资产为 5 000 万元，盈利能力较差，业内专家质疑是超溢价收购”。

（2）本案例中公司治理的基础设施主要体现在信息披露制度、中介机构、政府监管以及媒体、专业人士的舆论监督。

①信息披露制度。“这两笔担保均没有在 2016 年年报中进行信息披露。”“2016 年太阳公司 1.4 亿元的销售费用未及时入账，造成 2016 年年度报告虚假记载。此外，与星科集团多笔资金往来事项并未披露和记账，导致太阳公司在 2016 年和 2017 年年报中存在信息不实、虚假记载的情况”。

②中介机构。“太阳公司上述年报经过注册会计师审计后，审计师都出具了标准无保留的审计意见”。

③政府监管。“G 省证监局迅速反应，立案调查”“证监局根据以上调查结果，依法对太阳公司及其大股东星科集团进行了行政处罚”。

④媒体、专业人士的舆论监督。“2018 年 5 月，某财经媒体深度报道了太阳公司存在的多种经营违规行为。该报道在微博等网络平台上成为热门话题后，G 省证监局迅速反应，立案调查”。

4. 答案：

（1）A 公司目前遭受的风险类型包括外部风险和内部风险。

外部风险：

市场风险：包括汇率风险（公司产品 60% 出口，面料从意大利进口）、原材料价格风险（面料从意大利进口，意大利出现严重通货膨胀）。超市拖欠货款，意大利供货商供货时常中断属于市场风险中的信用风险。（2 分）

内部风险：

（1）财务风险：超市拖欠货款，难以回收资金，存在财务风险。（1.5 分）

【该题针对“损失事件管理——应急资本”知识点进行考核】

（2）A 公司采用的方式为应急资本，其最简单的形式是公司为满足特定条件下的经营需要而从银行获得的信贷额度，一般通过与银行签订协议加以明确，比如信用证、循环信用工具等。（1.5 分）

应急资本具有如下特点：

①作为应急资本的提供方，该银行并不承担特定事件发生的风险，而只是在事件发生并造成损失后提供用于弥补损失、持续经营的资金。事后 A 公司要向该银行归还这部分资金，并支付相应的利息。

②应急资本是一个综合运用保险和资本市场技术设计和定价的产品。与保险不同，应急资本不涉及风险的转移，是企业风险补偿策略的一种方式。

③应急资本是一个在一定条件下的融资选择权，A 公司可以不使用这个权利。

④应急资本可以提供 A 公司经营持续性的保证。（3 分）

四、综合题

答案：

（1）①分散风险。“光美公司的主打产品空调、风扇等，销售旺季集中在每年的 3~8 月，在其余时间里资金和经销商资源的利用都明显不足，而推出微波炉产品可以弥补这一缺陷”。

②找到新的增长点。“有利于优化公司整体运作和产品结构，建立新的增长点”。

③利用未被充分利用的资源。“从制造技术的角度看，微波炉和光美公司已生产的电饭煲、电磁炉等产品都是使用电能转换加热系统，因此对微波炉的技术研发、生产制造和营销网络都有着极其便利的条件和经验”；“在其余时间里资金和经销商资源的利用都明显不足”。

④运用盈余资金。“在其余时间里资金和经销商资源的利用都明显不足”。

⑤运用企业在某个产业或某个市场中的形象和声誉来进入另一个产业或市场。“还可以利用光美公司在其他厨具小家电市场上树立的品牌优势开拓市场”。

（2）实施条件（市场情况）

①市场中存在大量的价格敏感用户。“兰微公司充分利用市场对微波炉产品价格的高度敏感”。

②产品难以实现差异化。“通过集中生产少数品种……使自己成为微波炉行业的‘霸主’”。

③价格竞争是市场竞争的主要手段。“充分利用市场对微波炉产品价格的高度敏感”；“以‘价格战’不断摧毁竞争对手的防线”。

实施条件（资源和能力）

①实现规模经济。“在规模经济显著的微波炉市场建立生产设备来实现规模经济降低成本”。

②降低各种要素成本。“通过减少各种要素成本等多种手段降低成本”。

③提高生产率。“通过提高生产效率等多种手段降低成本”。

④改进产品工艺设计。“通过不断改进产品工艺设计等多种手段降低成本”。

⑤选择适宜的交易组织形式。“通过……承接外包等多种手段降低成本”。

⑥重点集聚。“通过集中生产少数品种……多种手段降低成本”。

风险：市场需求从注重价格转向注重产品的品牌形象，使得企业原有的优势变为劣势。“从光美公司掌握的数据看，国内市场的高端化消费趋势已经非常明显，低端产品对消费者已不具吸引力”；“光美公司在 2010 年成功超越兰微公司成为微波炉出口冠军；在 2012 年，光美公司微波炉国内市场品牌价格指数全面超越兰微公司，由行业跟随者升级为行业领导者，跳出行业‘价格战’的恶性循环，实现了企业业绩持续增长”。

（3）实施条件（市场情况）

①产品能充分地实现差异化，且为顾客所认可。“如果能够开发并向市场推出使消费者迅速认识并接受微波炉的多种优点的产品，微波炉市场将进入另一个高速发展期”；“从光美公司掌握的数据看，国内市场的高端化消费趋势已经非常明显，低端产品对消费者已不具吸引力”。

②顾客的需求是多样化的。“微波炉具有多种优点，它不仅能快速加热或烹调食物，而且没有油烟，还能保持食物的原汁原味与减少营养损失。在 C 国，虽然 80% 以上的家庭已经使用微波炉，但微波炉只是作为一个加热工具，它的多种优点还未被消费者充分认识”。

③创新成为竞争的焦点。“如果能够开发并向市场推出使消费者迅速认识并接受微波炉的多种优点的产品，微波炉市场将进入另一个高速发展期”；“从光美公司掌握的数据看，国内市场的高端化消费趋势已经非常明显，低端产品对消费者已不具吸引力”。

实施条件（资源和能力）

①具有强大的研发能力和产品设计能力，具有很强的研究开发管理人员。“确定公司技术发展方向以及技术发展路线”；“开展广泛技术合作”；“投入巨资改善软硬件条件变革”；“学习、考核机制”。

②具有很强的市场营销能力，具有很强的市场营销能力的管理人员。“光美公司在不断创新和推出产品的过程中，成功地开展了一系列促销活动”；“2010 年光美公司耗巨资在国内主要城市的核心终端，开辟了 1 000 个‘蒸立方’品牌专柜”；“2011 年公司开发上线了新一代营销管理系统”；“光美公司在海外前 15 大市场设立了区域经理，同时针对不同区域的主流客户设立了专门的产品开发团队”。

③有能够确保激励员工创造性的激励体制、管理体制和良好的创造性文化。“公司不断加大对各类人员培训的投入，同时转变培训方式。公司要求中高层管理者每年必须走访市场不少于 4 次，倾听市场和客户的声音。公司定期组织中高层管理者赴日本韩国企业进行学习交流取经。公司每年投入超过 1 000 万元的培训费用用于员工的专业技能培训。公司出台专项政策，鼓励员工进行再学习、再深造。公司经常组织读书心得分享会，书目由公司总经理亲自选定，均与公司当期推动的变革措施有关。光美公司的绩效导向文化逐渐深入员工骨髓，公司也结合各阶段工作重点在绩效考核导向方面进行不断调整和优化”；“2009 年之后，公司不断完善基于以市场、客户为导向的矩阵式管理模式”。

④具有从总体上提高某项经营业务的质量、树立产品形象、保持先进技术和建立完善分销渠道的能力。“为了避免差异化成本过高，光美公司通过加大部件自制、精益运营、加强价值链信息共享和协同降低运营成本等手段来创新成本管控，解决成本与结构升级的矛盾，应对资源要素价格的持续上升，保证成本优势”。“确定公司技术发展方向以及技术发展路线”；“光美公司在不断创新和推出产品的过程中，成功地开展了一系列促销活动”；“光美

公司在海外前15大市场设立了区域经理，同时针对不同区域的主流客户设立了专门的产品开发团队”。

光美公司注重防范差异化战略的风险：

①企业形成产品差异化的成本过高。“为了避免差异化成本过高，光美公司通过加大部件自制、精益运营、加强价值链信息共享和协同降低运营成本等手段来创新成本管控，解决成本与结构升级的矛盾，应对资源要素价格的持续上升，保证成本优势”。

②竞争对手的模仿和进攻使已建立的差异缩小甚至转向。“光美公司以‘蒸功能’为主题的产品功能不断升级，针对不同消费群体的产品线不断扩充，公司和产品的品牌形象日益鲜明”。

（4）①限制进入定价。“对于光美公司的挑战，兰微公司予以迎击，再次举起了‘价格战’的大旗”。

②进入对方领域。“兰微公司宣布大举进军光美公司已拥有优势的产业，如空调、冰箱、风扇、电暖气等产业”。

（5）战略变革的动因：

①外部环境的变化。“消费者消费目标和方式的变化、社会行为和态度的变化、经济发展状况的变化等。目前国内的微波炉产业只是刚起步，潜在发展空间巨大。……市场上的微波炉设计、构造与性能雷同，缺少创新型产品。如果能够开发并向市场推出使消费者迅速认识并接受微波炉的多种优点的产品，微波炉市场将进入另一个高速发展期”。

②技术和工作方法方面的变化。“光美公司2006年在国内率先推出具备‘蒸功能’的产品，这不仅是第一款针对国内市场消费者使用习惯开发的本土化创新产品，实现了C国传统烹饪习惯与微波炉功能优点的有效结合，而且在核心技术上形成了对兰微公司的技术壁垒，突破了兰微公司的价格和产品封锁”。

③产品和服务方面的变化。“光美公司2006年在国内率先推出具备‘蒸功能’的产品，这不仅是第一款针对国内市场消费者使用习惯开发的本土化创新产品，实现了C国传统烹饪习惯与微波炉功能优点的有效结合”。

战略变革的主要任务：

①调整企业理念。“与会人员一致认为，公司应当从以跟随为主的‘低成本’战略向‘差异化’战略转变；公司竞争的焦点应当从关注竞争对手向关注消费者、关注客户需求转变”。

②企业战略重新进行定位。“用3～5年时间，扭转目前品牌竞争的被动局面，由‘中低端’向‘中高端’转变，最终超越兰微公司成为全球微波炉行业霸主，成为全球最优秀的微波炉供应商”。

③重新设计企业的组织结构。“大刀阔斧进行组织变革。2009年之后，公司不断完善基于以市场、客户为导向的矩阵式管理模式，各产品、客户经理对经营结果负责，并拥有相应的产品企划和定价、供应商选择、人员选择等关键决策权力；其他管理人员在各自职责体系中对产品经理经营提供后台支持”；“光美公司在海外前15大市场设立了区域经理，同时针对不同区域的主流客户设立了专门的产品开发团队”。

（6）①研发的类型：产品研究——新产品开发。

②研发的动力来源：既是“需求拉动”，也是“技术推动”。“如果能够开发并向市场推

出使消费者迅速认识并接受微波炉的多种优点的产品，微波炉市场将进入另一个高速发展期”；“光美公司于 2006 年在国内率先推出具备蒸功能的产品，这不仅是第一款针对国内市场消费者使用习惯开发的本土化创新产品，实现了 C 国传统烹饪习惯与微波炉功能优点的有效结合，……经过将近一年的推广，市场反响很好，显示了巨大的发展潜力”。

③研发的定位：成为向市场推出新技术产品的企业。“光美公司于 2006 年在国内率先推出具备蒸功能的产品”。

（7）①产品策略。“对微波炉‘蒸功能’的持续升级和传播”；“2007 年，推出了第二代具备蒸功能的产品——‘全能蒸’微波炉”；“2008 年，光美公司发布了 5 个系列 14 款‘蒸功能’微波炉”；“2009 年，公司第三代产品‘蒸立方’面世”；“2010 年，光美公司发布第五代‘蒸功能’系列新品”；“2012 年光美公司发布了半导体、太阳能和云技术微波炉三大创新产品”。

②促销策略。“光美公司在不断创新和推出产品的过程中，成功地开展了一系列促销活动”；“2006 年，光美公司开启了以‘食尚蒸滋味’为主题的全年推广活动，首次在各大电视台开展广告营销活动，同时在全国主要市场开展产品的循环演示活动”；“2008 年，光美公司主办了‘蒸夺营养冠军’的全国推广活动”；“2009 年，光美公司推出‘全蒸宴’的全国演示推广活动”；“2010 年，光美公司推出‘蒸出营养与健康——光美公司蒸立方’微波炉的电视形象广告片”。

③分销策略。“2010 年光美公司耗巨资在国内主要城市的核心终端开辟了 1 000 个‘蒸立方’品牌专柜”；“2011 年公司开发上线了新一代营销管理系统，该系统实现了全国主要终端的销售、库存数据动态更新，公司能及时了解市场销售变化情况”；“自 2007 年起，光美公司在海外前 15 大市场设立了区域经理，同时针对各不同的区域的主流客户设立了专门的产品开发团队”。

④价格策略。“退出 300 元以下微波炉市场，主流变频蒸立方产品价格集中在 3 000 ~ 5 000 元，最高端变频高温产品的零售价格高达 10 000 元”；“从 2013 年开始，超市系统将停止销售 399 元以下产品，在连锁销售系统中将停止销售 599 元以下产品”。

2020年注册会计师全国统一考试《公司战略与风险管理》全真模拟试题（四）

一、单项选择题（本题型共24题，每题1分，共24分。每题只有一个正确答案，请从每题的备选答案中选出一个你认为正确的答案）

1. 在约翰逊和施乐斯提出的战略变革的四个发展阶段中，如果战略变化呈现无方向或无重心的特点。那么该阶段属于（　　）。

A. 连续阶段　B. 渐进阶段　C. 不断改变阶段　D. 全面阶段

2. 要从产业中找出不同企业战略管理的共性，更准确地把握产业的竞争方向和实质，常用的分析方法是（　　）。

A. SWOT分析法　B. 战略群组分析法

C. PEST模型　D. 五种竞争力模型

3. 国家出台“每对夫妻可生育两个子女”的政策后，少儿智能学习机制造商龙华公司预测其产品的市场需求将明显增长，于是制定并实施了新的发展战略，扩大投资，提高生产能力，同时采用新一代智能技术实现产品升级。龙华公司外部环境分析所采用的主要方法是（　　）。

A. 五种竞争力分析　B. PEST分析

C. 成功关键因素分析　D. 产业生命周期分析

4. 规模经济是指（　　）。

A. 在一定时间内，产品单位成本随总销量的增加而降低

B. 在一定时间内，产品单位成本随总产量的增加而降低

C. 在一定时间内，产品总成本降低

D. 在一定时间内，产品单位成本降低

5. （　　）的情况下，新进入者的威胁会增加。

A. 产业规模经济性高

B. 产业中产品差异化低

C. 产业对资本需求大

D. 现有产品有与规模经济无关的成本优势

6. 为了更有效解决公司内部治理问题，董事会一般可以下设几个专门委员会，分别从

事各方面的工作。下列各项中不属于提名委员会主要职责的是（　　）。

A. 分析董事会构成情况　　B. 制定董事选择的标准和程序

C. 确定董事候选人提交股东大会表决　　D. 制定董事考核的标准

7. 甲公司是一家区别于传统烤鸭店的新式连锁烤鸭企业，在给顾客提供用餐服务的同时，还免费给顾客提供擦鞋、美甲、擦拭眼镜等服务。甲公司的经营模式取得了成功，营业额高速增长。甲公司实施蓝海战略的路径是（　　）。

A. 重设客户的功能性或情感性诉求　　B. 跨越时间

C. 跨越战略群体　　D. 重新界定产业的买方群体

8. 智达公司是一家计算机制造企业。为了减少库存，公司对生产过程实施订单管理。生产部门依据销售部门提供的客户订购的产品数量安排当期生产。智达公司的生产运营战略所涉及的主要因素是（　　）。

A. 种类　　B. 批量　　C. 需求变动　　D. 可见性

9. 下列关于公司治理问题的说法中，正确的是（　　）。

A. 对委托人而言，在费用为零时，可以确保代理人按委托人的观点来制定最优决策

B. 过高的职务消费，是委托人与代理人之间信息不对称的表现

C. 保护中小股东企业，防止隧道挖掘行为，只能靠法律法规的完善和强制性规定

D. 国有资产流失、会计信息失真是我国国企改革过程中的“内部人控制”的主要表现形式之一

10. 小李是一家小型民营饭店老板，他负责所有重要的经营决策，并对下属实施直接管理，其下属执行一系列工作事务。那么该饭店的组织结构应属于（　　）。

A. 战略业务单位组织结构　　B. 创业型组织结构

C. 多国企业组织结构　　D. 事业部制组织结构

11. 今年以来，受国内外各种不确定性因素的影响，房地产行业的发展进入了一个新阶段。甲房地产公司从定性和定量的角度，按照很好、较好、一般、较差 4 种不同的假设条件，预测了本公司本年度将面临的各种不确定因素以及由此给公司带来的各种不同后果。甲房地产公司采用的风险管理技术与方法是（　　）。

A. 敏感性分析法　　B. 条件预测法　　C. 情景分析法　　D. 统计推论法

12. 国际化经营企业的组织结构的 8 种基本类型中国际部也应该是一种（　　）组织结构。

A. 职能制　　B. 矩阵制　　C. 事业部制　　D. H 型制

13. X 公司曾将其国内已饱和的黑白电视机和老型号彩色电视机推向国外市场，维持其增长速度，这属于（　　）。

A. 产品开发战略　　B. 市场开发战略　　C. 成本领先战略　　D. 市场渗透战略

14. X 企业生产的卫生纸采用优质的木浆为材料制作而成，外观精巧，气味清新，纸质柔韧细腻，是高档卫生纸的代表，对于高收入的消费群体来说，X 牌卫生纸的集中化战略是成功的。但是随着人们收入的提高以及价值观念的更新，过去的高档卫生纸成为普及的一般商品，导致 X 牌卫生纸也成为了众多品牌中不引人注目的品牌，不得不进行价格战。通过 X 牌卫生纸的例子，可以看出采取集中化战略的风险是（　　）。

A. 竞争对手的模仿使已建立的差异缩小甚至转向

B. 竞争对手的进入与竞争

C. 购买者群体之间的需求差异变小

D. 狭小的目标市场导致的风险

15. 甲公司在实施风险管理过程中，对由人为操作和自然因素引起的各种风险对企业影响的大小和发生的可能性进行分析，为确定企业风险的优先次序提供分析框架。该公司采取的上述风险管理方法属于（　　）。

A. 决策树法　　B. 马尔科夫分析法　　C. 流程图分析法　　D. 风险评估系图法

16. 生产智能家电产品的凯威公司适应外部环境的不断变化，及时调整内部资源和组织结构，发挥协同效果和整体优势，激发员工的创新精神和使命感，对社会需求作出灵活、快速的反应。该公司采取的组织协调机制是（　　）。

A. 直接指挥，直接控制　　B. 工作过程标准化

C. 共同价值观　　D. 工作成果标准化

17. 某公司历史上一直购买灾害保险，但经过数据分析，认为保险公司历年的赔付不足以平衡相应的保险费用支出，而不再续保；同时，为了应付可能发生的灾害性事件，公司与银行签订了应急资本协议，规定在灾害发生时，由银行提供资本以保证公司的持续经营。根据以上信息可以判断，该企业所采用的风险对策为（　　）。

A. 风险补偿　　B. 风险规避　　C. 风险转移　　D. 风险控制

18. 乙公司是一家国内知名的互联网企业。乙公司自去年以来推出了多款新的互联网金融产品。为了消除部分客户对其产品风险的质疑，乙公司组织了来自学术界、企业界以及政府相关职能部门的专家，通过电子信箱发送问卷的调查方式征询专家对公司产品风险的意见。下列各项对乙公司采用的风险管理技术与方法优点的表述中，正确的是（　　）。

A. 这种方法速度较快，容易开展

B. 这种方法通过专家群体决策，产生尽可能多的设想

C. 这种方法更有可能表达出那些不受欢迎的看法

D. 这种方法能够激发专家们的想象力

19. 在战略钟——竞争战略的选择中，高值战略是以相同或略高于竞争者的价格向顾客提供高于竞争对手的顾客认可价值。高值高价战略是以特别高的价格为顾客提供更高的认可价值。如一些高档购物中心、宾馆、饭店等，就是实施这种战略。高值战略和高值高价战略属于（　　）。

A. 成本领先战略　　B. 差异化战略　　C. 混合战略　　D. 失败的战略

20. 甲企业为了走向国际化，欲采取并购国外一家企业的方式实现该战略，各董事就并购带来的风险分别发表了如下不同的看法：

钱某：并购会带来一定的风险，该风险发生的后果严重程度不确定。

李某：并购一定会有风险，只要风险存在，就一定有发生损失的可能。

王某：风险是威胁，一定要想办法去规避。

谢某：要想走向国际化，不管采取什么措施，都会有风险，但风险总是与机遇并存。

对上述看法，你认为哪个董事发表的看法不正确？（　　）

A. 钱某　　B. 李某　　C. 王某　　D. 谢某

21. 为了拓展国际业务，国内玩具制造商甲公司收购了 H 国玩具制造商乙公司，并很快

打开 H 国玩具市场。其后不久，甲公司发现乙公司在被收购前卷入的一场知识产权纠纷，将导致甲公司面临严重的经营风险。甲公司在并购中失败的原因是（　　）。

A. 决策不当　　　　B. 支付过高的并购费用

C. 并购后不能很好地进行企业整合　　　　D. 跨国并购所面临的政治风险

22. 当产业面临的全球压力很大，而企业优势资源可以转移到其他市场时，新兴市场本土企业可以选择的战略方向是（　　）。

A. 作为“躲闪者”，通过转向新业务或缝隙市场避开竞争

B. 作为“抗衡者”，通过全球竞争发动进攻

C. 作为“防御者”，利用国内市场的优势防卫

D. 作为“扩张者”，将企业的经验转移到周边市场

23. 2017 年，主营电子商城业务的鑫茂公司制定和实施了新零售战略，对原有业务进行了较大调整，建立了多家商品销售实体店，线下线上业务协同开展。这一变革得到企业固有文化的支持。根据战略稳定性和文化适应性矩阵的要求，该公司在实施上述新战略时应（　　）。

A. 以企业使命为基础　　　　B. 加强协调作用

C. 重新制定战略　　　　D. 根据文化进行管理

24. 甲公司是华北地区的一家体育用品制造企业，由于华东地区体育用品销售渠道被现有的几大连锁店垄断，为能够在华东地区销售自己的产品，甲公司每年需支付高额的渠道费用，为此，甲公司决定逐步建立自己的品牌专卖店，将业务拓展至体育用品销售领域。与此同时，甲公司发现中西部地区体育用品市场尚未被充分开发，遂决定进军中西部地区，以提高销售额，扩大市场占有率。根据上述信息，甲公司采用的发展战略不包括（　　）。

A. 密集型战略　　B. 前向一体化战略　　C. 横向一体化战略　　D. 市场开发战略

二、多项选择题（本题型共 14 题，每题 1.5 分，共 21 分。每题均有多个正确答案，请从每题的备选答案中选出你认为正确的所有答案。每题所有答案选择正确的得分；不答、错答、漏答均不得分）

1. 下列属于企业资源的有（　　）。

A. 物质资源　　B. 财务资源　　C. 无形资源　　D. 人力资源

2. W 公司是美国一家复印机生产企业，提供全行业最齐全的文件处理产品和服务，包括复印机、打印机、传真机、扫描仪等一系列的文件管理服务，下列属于 W 公司未来目标的有（　　）。

A. 以服务取胜，为客户提供最优质的服务

B. 未来三年内，海外营业额占总营业额的比重由 15% 提高到 20%

C. 到 2020 年，海外建成 15 个生产基地，实现 2/3 外销的目标

D. 未来三年内，股利增长率以及投资回报率增长一倍

3. 2020 年，L 电脑集团与国际知名商业机器公司 I 达成战略合作，充分利用对方的优势，并节省并购方式下的整合成本。L 集团利用 I 公司的技术以弥补本身的技术缺陷，I 公司则利用 L 公司的市场优势，迅速拥有开拓海外市场的能力。上述资料体现了两家公司达成战略联盟的动因有（　　）。

A. 降低协调成本　　　　　　　　　B. 开拓新的市场

C. 实现资源互补　　　　　　　　　D. 避免或减少竞争

4. 某研究员提出，经过 30 年的发展，饮用水市场目前已进入成熟期。支持该研究员结论的市场现象包括（　　）。

A. 同行业企业战略重点倾向于关注效率、成本控制和市场细分

B. 行业内出现企业兼并的机会较多

C. 市场上饮用水品牌的数量逐渐减少

D. 行业产品利润率及企业的市场占有率同时处于低位

5. 甲公司成立五年来，利用创业者的人脉关系，企业规模得到迅速发展。但该创业者也愈发感觉到面临竞争时企业有些力不从心。经过向咨询公司请教，得出的结论是该企业缺乏核心能力。对于该企业而言，能够帮助创业者识别自身核心能力的方法包括（　　）。

A. 功能分析　　B. 资源分析　　C. 情景分析　　D. 过程系统分析

6. 某政府发起的贸易战。其中包括对从中国进口约 600 亿美元商品加征大幅度关税，并限制中国企业对美投资并购。对于中国企业来说，面对的风险种类包括（　　）。

A. 社会文化风险　　B. 政治风险　　C. 市场风险　　D. 运营风险

7. 京川餐饮公司近期实行了新的经营方式，顾客既可以按照公司提供的菜谱点餐，也可以自带菜谱和食材请公司的厨师加工烹饪，还可以在支付一定学习费用后在厨师指导下自己操作，从而在享受美食的同时提高厨艺。这些新的经营方式使该公司的顾客数量和营业收入均增长 20% 以上。从密集型战略角度看，京川餐饮公司的上述做法属于（　　）。

A. 市场开发战略　　　　　　　　　B. 市场渗透战略

C. 产品开发战略　　　　　　　　　D. 一体化战略

8. 发展战略内部控制与措施有（　　）。

A. 企业应当在充分调查研究、科学分析预测和广泛征求意见的基础上制定发展目标

B. 企业应当根据发展目标制定战略规划

C. 企业应当在董事会下设立战略委员会，或指定相关机构负责发展战略管理工作，履行相应职责

D. 组织外部因素引发的文化风险

9. 当前，在国内上市公司中，终级股东对中小股东的"隧道挖掘问题"有多种表现形式，其中包括（　　）。

A. 过高的在职消费　　　　　　　　B. 产品购销的关联交易

C. 以对大股东有利的形式转移定价　　D. 扩股发行稀释其他股东权益

10. 情境分析法的实施步骤包括（　　）。

A. 建立数学模型并求解模型，得到风险事件各个状态发生的可能性

B. 在建立了团队和相关沟通渠道，同时确定了需要处理的问题和事件的背景之后

C. 对主要趋势、趋势变化的可能时机以及对未来的预见进行研究

D. 调查不确定性事件各种状态及其变化情况

11. 事件树分析法的优点包括（　　）。

A. 识别单点失效模式以及对冗余或安全系统的需要

B. 它能说明时机、依赖性，以及故障树模型中很烦琐的多米诺效应

C. 以清晰的图形显示了经过分析的初始事项之后的潜在情景，以及缓解系统或功能成败产生的影响

D. 它生动地体现事件的顺序，而使用故障树是不可能表现的

12. 自 2009 年，中国某矿业集团公司将全面风险管理工作纳入基层单位业绩考核体系，将风险管理考核结果与业绩奖惩挂钩，推动了全面风险管理工作落实。该集团公司董事会在全面风险管理方法主要履行的职责包括（　　）。

A. 审议并向股东（大）会提交企业全面风险管理年度工作报告

B. 审议内部审计部门提交的风险管理监督评价审计报告

C. 批准重大决策、重大风险、重大事件和重要业务流程的判断标准或判断机制

D. 批准风险管理组织机构设置及其职责方案

13. 东亚建筑公司采用平衡计分卡衡量公司业绩，并选取了利润预期、工程进度完成率、市场份额、工程交付时间等作为绩效衡量标准。该公司选取的上述指标涵盖的平衡计分卡角度有（　　）。

A. 创新与学习角度　　B. 财务角度

C. 顾客角度　　D. 内部流程角度

14. 采用成本领先战略的优势包括（　　）。

A. 形成进入障碍　　B. 增强讨价还价能力

C. 降低替代品的威胁　　D. 保持领先的竞争地位

三、简答题（本题型共 4 小题 30 分。其中一道小题可以选用中文或英文解答，请仔细阅读答题要求。如果用英文解答，须全部使用英文，答题正确的，增加 5 分。本题型最高得分为 35 分。在答题卷上解答，答在试题卷上无效）

1. （本小题 6 分，可以选用中文或英文解答，如使用英文解答，须全部使用英文，答题正确的，增加 5 分，最高得分为 11 分）

C 国北方机床集团于 1993 年组建，主导产品是两大类金属切削机床。销售市场覆盖全国 30 多个省、市、自治区，并出口 M 国、G 国等 80 多个国家和地区。

G 国 S 公司是一个具有 140 多年历史的世界知名机床制造商，其重大型机床加工制造技术始终处于世界最高水平。但 S 公司内部管理存在诸多问题，其过高的技术研发成本造成资金链断裂。2004 年初，S 公司宣布破产。

2004 年 10 月，北方机床集团收购了 S 公司全部有形资产和无形资产。北方机床集团在对 S 公司进行整合中颇费思量，首先采取“以诚信取信于 G 国员工”的基本策略，承诺不解雇一个 S 公司员工，S 公司的总经理继续留任；其次，北方机床集团与 S 公司总经理多次沟通，谋求双方扬长避短、优势互补，使“混合文化形态”成为 S 公司未来的个性化优势，以避免跨国并购可能出现的文化整合风险；其三，在运营整合方面，仍由 S 公司主要负责开发、设计及制造重要机械和零部件，组装则在 C 国完成，力求实现 S 公司雄厚的技术开发能力和 C 国劳动力成本优势的最佳组合。

整合后第二年，S 公司实现 2 000 多万欧元的销售收入，生产经营状况已恢复到 S 公司历史最高水平。

然而，2008 ~ 2009 年，受世界金融危机的影响，加上 S 公司内部原有的管理问题尚未

彻底解决，公司陷入亏损的困境。北方机床集团不得不开始更换 S 公司的管理团队，逐渐增强北方机床集团在 S 公司的主导地位。2010 年，S 公司经营情况有所好转，实现 3 500 万欧元销售收入，但仍处于亏损状态。

2012 年，由于受到国内下游需求方——汽车、铁路等固定资产投资放缓的影响，北方机床集团销售收入同比上年下降 8%。尽管如此，北方机床集团仍然表示将继续投资 S 公司项目，因为 S 公司承载着北方机床集团孜孜以求的核心技术和迈入国际高端市场的梦想，而且由于并购后在技术整合上存在缺陷，北方机床集团尚未掌握 S 公司的全部核心技术。集团计划到 2015 年对 S 公司投入近 1 亿欧元，同时招聘新的研发人员。

要求：

（1）依据联合国贸易和发展会议 2006 年《世界投资报告》提出的影响发展中国家跨国公司对外投资决策的四大动机，简要分析北方机床集团跨国并购 G 国 S 公司的主要动机。

（2）简要分析北方机床集团并购 G 国 S 公司所面对的主要风险。

2.（本小题 8 分）

福康健公司是一家成立于 20 世纪 80 年代中期的粮食加工公司，主要经营具有地方特色的绿色大米、杂粮等粮食产品、食品，主要市场位于东北、华北和西北地区。

近年来，随着经济快速增长，公司产品销售量不断扩大，市场增长比较迅速，消费者对福康健品牌给予了越来越多的认可，福康健公司董事会作出了新的战略决策，准备通过并购的方式来扩大在我国其他地区的市场份额，并准备扩展海外市场。

经过一段时间的考察，福康健公司计划通过股权收购的方式，收购位于中部地区某省的一家产品品质较高但品牌知名度仅限于省内的江华公司的全部股权。目前，江华公司主要市场是华中、华东和华南地区。并购后福康健公司准备增加新的投资 2 亿元，采用差异化战略，与国内知名大学校企联合，利用高校的科研开发能力，采用高科技技术和无污染、非转基因的粮食原料进行粮食产品的绿色深加工，加大宣传力度，拓展市场。

福康健公司所处的行业和业务模式得到了某私募股权投资机构 FZ 公司的关注。FZ 公司拟通过分批股权投资的方式，以获取福康健公司的股份。第一期投资完成后，FZ 公司将获得福康健公司 40% 的股份。

要求：

（1）根据战略发展方法，简要分析福康健公司并购江华公司的动因。根据并购方的身份，分别简述福康健公司收购江华公司和 FZ 公司购买福康健股权所属的并购类别。

（2）简要分析福康健公司采用差异化战略的优势。

（3）假设 FZ 公司以市盈率法和净资产价值法对福康健进行价值评估，分别描述这两种方法的特点和区别，并分析从福康健公司股东的角度最可能接受的是哪一种方法。

3.（本小题 8 分）

H 公司是一家全球化经营的家电生产销售企业，在日常经营过程中采取的采购策略是利用全球化网络，集中购买，以规模优势降低采购成本，同时精简供应商队伍。据统计，H 公司的全球供应商数量由原先的 2 000 多家降至 700 家左右，其中国际化供应商的比例达到了 70% 以上。目前世界 500 强企业中有 40 多家是 H 公司的供应商。对于供应商关系管理方面，H 公司采用的是“战略联盟”模式。

H 公司有很多产品的设计方案直接交给厂商来做，由供应商将待开发的产品形成图纸，并直接提供很多子部件。这样一来，供应商就真正成了 H 公司的设计部和工厂，加快开发速度。许多供应商的厂房和 H 公司的仓库之间甚至不需要汽车运输，工厂的叉车直接开到 H 公司的仓库，大大节约运输成本。H 公司本身则侧重于核心产品的研发、经营和结算业务。这与传统的企业与供应商的关系不同，它从供需双方简单的买卖关系成功转型为战略合作伙伴关系，是一种共同发展的双赢策略。

但是，在 H 公司采购业务的内部控制方面还是存在着一些问题。如采购的验收环节把控不严，经常出现入库的一些产品存在不合格的情况，而且验收流程不规范，一些产品找不到相应的验收证明。会计记录也不完整，在期末进行盘点的时候经常出现账实不符的情况。公司领导决定对具体的情况进行调查，查明原因进行改进，以保证公司的内部控制有效实施。

要求：

（1）分析 H 公司采用的货源策略类型，并说明其优点。（4 分）

（2）分析 H 公司在采购业务内部控制方面存在的不足，并说明理由。（1 分）

（3）分析 H 公司在供应商管理中采用战略联盟的动因。（3 分）

4.（本小题 8 分）

4. 2008 年，传统汽车生产企业旭辉公司决定研发、生产国内第一款新能源汽车。此举在同行眼中无异于一种“逆风而上”的冒险行为。

首先，对传统汽车企业而言，研发新能源汽车是一个全新的挑战。能源汽车的驱动原理与传统燃油汽车有着本质性的区别。技术的不确定性以及业务创新对技术和人才储备的要求都是对企业严峻的考验。

其次，新能源汽车的运营模式、行业规范和服务体系等方面无法仿照传统燃油汽车，存在诸多不确定性。

第三，新能源汽车供应链处于初建期，企业原材料、零部件及其他供给不足；分销渠道、充电设备、维修保养、保险业务等服务很不完善。

第四，传统汽车企业与消费者的困惑与等待观望。2014 年下半年政府推出一系列扶持新能源汽车产业的政策，而此前传统汽车企业大多采取深耕传统燃油汽车的策略以及降低被新能源汽车替代的风险。消费者普遍认为新能源汽车技术尚不成熟。服务设施尚不完善，价格过高且伴随规模经济与经验曲线的形成肯定会大幅度降价，第二代和第三代产品将迅速取代现有产品，因而采取等待观望态度，在这种情况下，企业市场营销的中心活动只能是选择顾客对象并诱导初始购买行为。旭辉公司以一往无前的勇气和高瞻远瞩的眼力，坚守十年时间，实现了对新能源汽车领域核心技术的掌控与完整的产业链布局，也迎来新能源汽车销量在国内外的全面爆发。到目前为止，旭辉公司是全球唯一一家同时掌握新能源汽车电池、电机、电控及充电配套设施、整车制造等核心技术以及拥有成熟市场推广经验的企业。旭辉公司物美价廉的新能源汽车已遍布全球六大洲的 50 个国家和地区。

要求：

（1）简要分析作为新兴产业，新能源汽车行业内部结构的特征。

（2）简要分析作为新兴产业，新能源汽车行业早期的进入障碍。

（3）简要分析作为新兴产业，新能源汽车行业的发展障碍。

四、综合题（本题型共1题，30分。在答题卷上解答，答在试题卷上无效）

资料一

1994年，电表行业的巨头升达公司进军空调行业。由于当时国内空调还是属于少数人的奢侈品，升达公司与业内其他公司一样，产品定位于比较高档的空调。因为升达空调没有品牌优势，产品人格又与竞争对手不相上下，所以升达空调在规模上一直没有多大突破，年产量不到60万台。

经过几年的努力，升达公司生存下来。1999年之后，升达公司意识到，国内空调从少数人的奢侈品转为大众消费品的时机已经来临，市场需要大量老百姓买得起、用得起的"民牌"空调。处于弱势地位的升达公司找到了挑战竞争对手、壮大自身的法宝——以人格制胜。经过缜密的策划之后，2002年4月，面对百余名记者，升达公司突然抛出《空调成本白皮书》文中指出，一台1.5匹的冷暖型空调的生产成本为1 378元，加上销售费用370元、商家利润80元、厂家利润52元，市场零售价应该是1 880元。而当时市场上同为1.5匹的其他空调人格大多在2 800元到3 800元之间。

升达公司在公布空调成本的同时，将其空调产品全线降价，平均降幅达20%。升达公司得罪了同行，却赢得无数的消费者。2003年，升达空调销量达到了250万台，进入国内前三强，比2002年高出近100万台。升达公司发动的价格战也使整个空调行业的产品人格节节下滑，市场均价从2002年的2 500元降到2003年的2 000元。

升达公司在空调制造业发动价格战并非鲁莽之举，而是以其自身优势为底气的。首先，在升达公司家乡N市，做空调配件的企业很多，整个空调产业链已经成型，升达公司通过整合这些企业，产品零部件自制率达到90%，与同类企业一般不超过50%的自制率相比，在零部件成本、生产率、设备利用率、规模经济等方面都具备整机制造成本优势。以空调的关键元器件冷凝器和蒸发器为例，其成本在空调总成本中占80%以上，而升达公司自2000年建立分厂以来，该种元器件的成本就下降至原来外购时的3/5左右，而且质量更好。

其次，公司在2001年引起全球最先进的信息化管理工具ERP，配合内部各个部门严格的承包制的实施，对提高企业效率和降低运营成本起到了极大的作用。

第三，在采购环节，升达公司同时采用自制和外购两条路线，当自制的质量和价格有优势时，采用自制明显不如外购有竞争力时，就毫不犹豫地采用外购，甚至关掉自制部门。升达公司借鉴国外企业"全球论质比价采购"的模式，其加工蒸发器和冷凝器的自动生成设备购自J国；保证镀层10年不脱皮泛锈的瓦格纳喷涂设备是引进D国的；制造空调塑壳的ABS粉料来自H国；机身上的所有接插件购自M国。这些设备和原料共有的特点是品质在全球范围内相对较好，价格最低。

最后，以年轻人为主体的人员结构和灵活的民营企业机制是升达公司成本优势的又一源泉。升达公司是新办的企业，没有下岗职工和离退休人员的负担；升达公司发挥其灵活的民营企业机制，实施全方位的承包责任制，激发了各级人员的积极性、主动性和创造性，对于提高企业效率和降低运营成本发挥了重要作用。

资料二

然而，质疑甚至批评之声一直伴随着升达公司："升达公司的'价格屠夫'策略是不是在自断创新之路？""升达公司低价营销得到了规模优势，但牺牲了品牌优势。"近年来随着国内消费升级与产品更新换代，大众的空调消费需求开始从“功能型”向“品质型”转变。升达公司日益认识到启动新的战略转型的必要性与紧迫性。

早在 2012 年，升达公司就敏锐察觉到互联网发展的大趋势，积极与电商平台合作，在整体布局上确定了互联网、智能化发展战略。为了避开与国内空调行业优势品牌的正面较量，升达公司将目标客户聚焦在新一代网络消费群体，充分依托电商平台，用 18—35 岁年轻消费者熟悉的代言人和沟通方式，建立起年轻化、时尚化的品牌形象，打造了“倾国倾城”“淑女窈窕”等情感化的明星产品，吸引了一批有时尚要求、重情感又注重性价比的年轻人群。这样的选择让升达公司的产品品质与创新力不断提升，从而实现了跨越式的增长。在随后的 2013 年，升达公司开始进行企业产品升级，累计投入超过 30 亿元用于技术创新、效率提升。先后推出二级供应链管理，引进全球领先检测设备，吸纳超过 50% 的硕博人才组成创新研究团队，从根本上把控产品品质。

2017 年，升达公司智能工厂落成投产，以更加标准化、高周转率的技术实力，实现产品品质的又一次提升；在 J 建立研发中心，实现智能化产品占比超 80%；筹建多个智能制造基地累计投资超过 150 亿元，为实现空调产业全智能一体化做好准备。

资料三

2017 年下半年以来，升达公司意识到，虽然电商存量市场很大，但增长速度开始下降，线上流量红利在下滑。面对市场环境新的变化，升达公司采用了两个新的战略举措。

一是与国内著名电商普天组建联合团队，打通商家与平台的供应链，全面提升电商渠道供应链效率。升达公司和普天旗下天鸟、乐淘融合的智慧供应链系统销售预测准确率达到 70%。升达空调原来的电商渠道供应链 SOP（即标准操作程序）分为 18 个节点，操作共需 33 个小时，新的系统上线以后优化为 6 个节点，操作只需 1 个多小时，大大提升了供应链效率。

二是抓住国内电商平台纷纷下沉开店的机遇，向基层市场渗透，逐步熟悉终端零售商渠道。升达公司放弃了向经销商层层压货完成销售任务后给予返利的销售模式，而是采用“互联网直卖”方式，只发展一层终端零售商，产品订货起点定为 8 台。这样做的好处是投资少，不压货。目前升达公司拥有 1.5 万多家终端零售商，这些终端零售商通过手机 APP 直接下单，升达公司接单后通过各区域的仓储中心调配，由第三方物流送货到店。升达公司已建成社会化的售后服务网点 7 500 个，覆盖国内 98% 的县市。终端零售商或用户通过云平台寻找所在地的升达公司售后服务人员，由他们抢单帮助安装、维修。在“互联网直卖”模式下，终端零售商不管卖多少台产品，每一台的利润都是固定的，不和总销量挂钩。这不仅有利于市场价格体系的稳定，也克服了传统模式下渠道库存严重、层层加价、经销商资金周转慢、利润不稳定等弊端。

2018 年 11 月，升达公司与以线下销售为主的长宇家电零售公司合作，共创智慧零售新模式。升达公司作为长宁家电品牌主力军，通过长宁零售公司快速开启渠道下沉绿色通道，从线上渠道转移至线下渠道，在运营上借助长宁零售公司在市场上的口碑和服务，形成很强的品牌竞争力。

2018 年 12 月，升达公司召开新闻发布会，宣布启动“双轮战略”规划，从以前“通过厂家直供的方式真正让利于经销商，打造至真至诚的利益共同体”，进一步延伸到“以升达公司主导产业为基础搭建 O2O（即 Online To Offline，线上到线下）平台，为更多中小企业服务，全面赋能线下经销商”。“双轮战略”的实施，将进步实现线上线下融合、深耕零售发展的模式。

2018 年，升达空调总销售量达到 1 500 万台，在国内排名第三；在电商平台上，升达是销量最大的空调品牌。升达公司致力于推动模式创新、技术革新、品质升级，已然成为国内家电行业的佼佼者、互联网时代空调智能化的“领头羊”。

要求：

（1）从市场情况与资源能力两个方面，简要分析从 2002 年开始升达公司实施成本领先战略的条件。

（2）简要分析升达公司在 1999 年之后、2012 年之后、2017 年之后所意识到的市场风险，并简要说明升达公司相应的三次战略转型（变革）的类型。

（3）依据资料二，简要分析作为跟跑者的升达公司在与国内强大竞争对手竞争时所体现的蓝海战略特征（即红海战略和蓝海战略的关键性差异），简要分析升达公司在竞争激烈的空调市场开辟新的生存与发展空间的途径（即蓝海战略重建市场边界的基本法则）。

（4）依据企业价值链两类活动，简要分析升达公司的主要竞争优势。

（5）依据信息技术与企业价值网相关理论，简要分析 2017 年下半年以后，升达公司所采用的新的战略举措，是如何在网络经济背景下，构建以顾客为核心的价值创造体系的。

（6）简要分析升达公司与普天公司、长宁公司结成战略联盟的动因。

（7）依据市场营销组合四个要素，简要分析升达公司在其三次战略转型进程中市场营销组合策略的变化。

2020年注册会计师全国统一考试
《公司战略与风险管理》全真模拟试题（四）
参考答案及解析

一、单项选择题

1. 答案：C

解析：在战略变革的四个发展阶段中，不断改变阶段的战略变化呈现无方向或无重心的特点。

2. 答案：B

解析：同一战略群组内的企业虽然采用了相同的或类似的战略，但由于群体内各个企业的优势不同会造成各企业实施战略能力上的不同，因而导致实施同样战略而效果不同。战略群组分析可以帮助企业了解其所在战略群组的战略特征以及群组中其他竞争对手的战略实力，以选择本企业的竞争战略与战略开发方向。

3. 答案：B

解析：国家出台“每对夫妻可生育两个子女的政策”属于宏观环境分析（PEST分析）中的政治和法律因素，选项B正确。

4. 答案：B

解析：规模经济表现为在一定时间内，产品的单位成本随总产量的增加而降低。

5. 答案：B

解析：产业中产品差异化越低，新进入者越容易进入。而选项ACD都是进入障碍，都会阻碍新进入者进入该产业。

6. 答案：D

解析：本题考核公司内部治理结构。提名委员会的主要职责是：①分析董事会构成情况，明确对董事的要求；②制定董事选择的标准和程序；③广泛搜寻合格的董事候选人；④对股东、监事会提名的董事候选人进行形式审核；⑤确定董事候选人提交股东大会表决。选项D是薪酬与考核委员会的职责。

7. 答案：A

依据：该公司所做的擦鞋、美甲等服务，以客户感觉为竞争手段，诉求是情感性的，属于重设客户的功能性或情感性诉求。选项A符合题意。

8. 答案：C

解析："生产部门依据销售部提供的客户订购的产品数量安排当期生产"属于需求变动，选项 C 正确。

9. 答案：D

解析：对委托人或代理人来说，在费用为零时，要确保代理人按委托人观点来制定最优的决策，一般是不可能的，选项 A 不正确；过高的职务消费是内部控制人问题的主要表现形式之一，选项 B 不正确；除了法律、法规层次上明确对小股东保护条款外，还需要从公司治理的制度设计层次上增加对这类弱势群体的保护，以防止"隧道挖掘"行为的出现，选项 C 不正确；选项 D 说法正确。

10. 答案：B

解析：多数小型企业的标准组织结构模式采用创业型组织结构。这种组织结构中的所有者或管理者对其下属实施直接控制管理，并由其下属执行一系列工作任务。选项 B 符合题意。

11. 答案：C

解析：情景分析法通过模拟不确定性情景，对企业面临的风险进行定性和定量分析，在识别和分析那些反映诸如最佳情景、最差情景及期望情景的多种情景时，可用来识别在特定环境下可能发生的事件并分析潜在的后果及每种情景的可能性。甲房地产公司采用的是情景分析法。

12. 答案：C

解析：国际化经营企业的组织结构的 8 种基本类型中国际部也应该是一种事业部制。选项 C 符合题意。

13. 答案：B

解析：市场开发战略是指将现有产品或服务打入新市场的战略。松下公司将现有产品（黑白电视机和老型号彩色电视机）推向新市场（国外市场），因而属于市场开发战略。选项 B 符合题意。

14. 答案：C

解析：本题考核集中化战略的风险。由于技术进步、替代品的出现、价值观念的更新、消费偏好变化等多方面的原因，目标市场与总体市场之间在产品或服务的需求上差别变小，企业原来赖以形成集中化战略的基础也就消失了。

15. 答案：D

解析：风险评估系图识别某一风险是否会对企业产生重大影响，并将此结论与风险发生的可能性联系起来，为确定企业风险的优先次序提供框架。选项 D 正确。

16. 答案：C

解析："及时调整内部资源和组织结构，发挥协同效果和整体优势，激发员工的创新精神和使命感，对社会需求作出灵活、快速的反应"体现了企业对内要及时调整，发挥创新精神、协同效果和整体优势；对外要灵活适应，快速行动。即共同价值观，选项 C 正确。

17. 答案：A

解析：风险补偿是指企业对风险可能造成的损失采取适当的措施进行补偿。风险补偿表现在企业主动承担风险，并采取措施以补偿可能的损失。风险补偿的形式有财务补偿、人力补偿、物资补偿等。

18. 答案：C

解析：本题考核风险管理技术与方法。德尔菲法又名专家意见法，是在一组专家中取得可靠共识的程序，其基本特征是专家单独、匿名表达各自的观点，同时随着过程的进展，他们有机会了解其他专家的观点。德尔菲法采用背对背的通信方式征询专家小组成员的意见，专家之间不得互相讨论，不发生横向联系，只能与调查人员发生关系。通过反复填写问卷，搜集各方意见，以形成专家之间的共识。主要优点：①由于观点是匿名的，因此更有可能表达出那些不受欢迎的看法；②所有观点有相同的权重，避免重要人物占主导地位的问题；③专家不必一次聚集在某个地方，比较方便；④这种方法具有广泛的代表性。局限性：①权威人士的意见影响他人的意见；②有些专家碍于情面，不愿意发表与其他人不同的意见；③出于自尊心而不愿意修改自己原来不全面的意见。德尔菲法的主要缺点是过程比较复杂，花费时间较长。

19. 答案：B

解析：本题考核基本战略的综合分析——战略钟。差异化战略包括途径4和途径5。也可大致分为两个层次：一是高值战略（途径4），二是高值高价战略（途径5）。途径4也是企业广泛使用的战略，即以相同或略高于竞争者的价格向顾客提供高于竞争对手的顾客认可价值。途径5则是以特别高的价格为顾客提供更高的认可价值。如一些高档购物中心、宾馆、饭店等，就是实施这种战略。这种战略在面对高收入消费者群体时很有效，因为产品或服务的价格本身也是消费者经济实力的象征。途径5可以看成是一种集中差异化战略。

20. 答案：B

解析：本题考核风险的概念。风险总是与机遇并存。大多数人只关注风险不利面，如风险带来的竞争失败、经营中断、法律诉讼、商业欺诈、无益开支、资产损失、决策失误等，因而害怕风险。但风险本身并不一定是坏事，必须学会平衡风险可能导致的相反结果所带来的机遇。有风险才有机会，风险是机会存在的基础。为此，可以把负面的风险称为威胁，而把正面的风险称为机会。选项B说法错误。

21. 答案：A

解析："其后不久，甲公司发现乙公司在被收购前卷入的一场知识产权纠纷，将导致甲公司面临严重的经营风险"体现了企业在并购前没有认真地分析目标企业的潜在成本和效益，属于决策不当，选项A正确。

22. 答案：B

解析：如果全球化压力大，而企业优势资源可以转移到其他市场，企业有可能与发达国家跨国公司在全球范围内展开正面竞争。我们称这种情况下的本土企业为"抗衡者"。其战略定位是通过全球竞争发动进攻。

23. 答案：A

解析："对原有业务进行了较大调整，建立了多家商品销售实体店，线下线上业务协同开展"说明组织要素的变化较大；"这一变革得到企业固有文化的支持"说明潜在一致性较大，应采取以企业使命为基础，选项A正确。

24. 答案：C

解析：题目中甲公司在华东地区销售渠道被垄断的情况下，建立自身品牌专卖店，将业务拓展至体育用品销售领域，属于沿经营链条的前向一体化战略。将现有产品打入中西部地区，属于密集型战略中的市场开发战略。所以，选项 C 符合题意。

二、多项选择题

1. 答案：ABCD

解析：企业资源包括有形资源、无形资源、人力资源，有形资源包括物质资源和财务资源。

2. 答案：BCD

解析：本题考核公司目标。公司使命主要阐明企业组织的根本性质与存在理由，公司目标是公司使命的具体化，以服务取胜为客户提供最优质的服务是比较模糊的概念，属于公司使命的范畴。

3. 答案：ABC

解析：战略联盟的方式不需要进行整合，因此可以降低协调成本。选项 A 正确。I 可以利用 L 的优势开拓海外市场，体现开拓新的市场。选项 B 正确。L 和 I 互相利用对方的优势，体现资源互补。选项 C 正确。

4. 答案：AB

解析：本题考核行业生命周期。成熟期的市场增长率不高，需求增长率不高，技术上已经成熟，行业特点、行业竞争状况及用户特点非常清楚和稳定，买方市场形成，行业盈利能力下降，新产品和产品的新用途开发更为困难，行业进入壁垒很高。选项 D 属于起步期。选项 A、B 符合题意。

5. 答案：ABD

解析：本题考核企业的核心能力。识别核心竞争力的方法包括：功能分析、资源分析和过程系统分析。

6. 答案：BC

解析：美国政府对中国企业加征关税是政府行为，属于政治风险中的“进口配额和关税”。选项 B 正确。同时，加征关税属于税收政策的变化，属于市场风险。选项 C 正确。

7. 答案：BC

解析：“京川餐饮公司近期实行了新的经营方式，顾客既可以按照公司提供的菜谱点餐，也可以自带菜谱和食材请公司的厨师加工烹饪，还可以在支付一定学习费用后在厨师指导下自己操作，从而在享受美食的同时提高厨艺”体现的是产品开发战略。“这些新的经营方式使该公司的顾客数量和营业收入均增长 20% 以上”体现的是市场渗透战略。选项 B、C 正确。

8. 答案：ABC

解析：内部控制要求与措施：（1）企业应当在充分调查研究、科学分析预测和广泛征求意见的基础上制定发展目标；（2）企业应当根据发展目标制定战略规划；（3）企业应当在董事会下设立战略委员会，或指定相关机构负责发展战略管理工作，履行相应职责。选项 A、B、C 符合题意。

9. 答案：BCD

解析：选项 A 是经理人对于股东的“内部人控制”问题表现形式，其余三个是终极股东对于中小股东的“隧道挖掘”问题表现形式。这是对教材原文的考查。

10. 答案：BC

解析：情境分析法的实施步骤：（1）在建立了团队和相关沟通渠道，同时确定了需要处理的问题和事件的背景之后，下一步就是确定可能出现变化的性质；（2）对主要趋势、趋势变化的可能时机以及对未来的预见进行研究。选项B、C符合题意。

11. 答案：BCD

解析：事件树分析法（ETA）的主要优点：（1）ETA以清晰的图形显示了经过分析的初始事项之后的潜在情景，以及缓解系统或功能成败产生的影响；（2）它能说明时机、依赖性，以及故障树模型中很烦琐的多米诺效应；（3）它生动地体现事件的顺序，而使用故障树是不可能表现的。选项B、C、D符合题意。

12. 答案：ACD

解析：董事会就全面风险管理工作的有效性对股东（大）会负责。董事会在全面风险管理方面主要履行以下职责：

（1）审议并向股东（大）会提交企业全面风险管理年度工作报告；

（2）确定企业风险管理总体目标、风险偏好、风险承受度，批准风险管理策略和重大风险管理解决方案；

（3）了解和掌握企业面临的各项重大风险及其风险管理现状，做出有效控制风险的决策；

（4）批准重大决策、重大风险、重大事件和重要业务流程的判断标准或判断机制；

（5）批准重大决策的风险评估报告；

（6）批准内部审计部门提交的风险管理监督评价审计报告；

（7）批准风险管理组织机构设置及其职责方案；

（8）批准风险管理措施，纠正和处理任何组织或个人超越风险管理制度做出的风险性决定的行为；

（9）督导企业风险管理文化的培育；

（10）全面风险管理的其他重大事项。

审议内部审计部门提交的风险管理监督评价审计报告属于风险管理委员会的职责，选项B错误。

13. 答案：BCD

解析：利润预期属于财务角度、工程进度完成率属于内部流程角度、市场份额属于顾客角度、工程交付时间（交货时间）属于顾客角度和内部流程角度。选项B、C、D正确。

14. 答案：ABCD

解析：企业采取成本领先战略，主要优势是：（1）形成进入障碍。企业的生产经营成本低，便为产业的潜在的进入者设置了较高的进入障碍。那些在生产技术不熟练、经营上缺乏经验的企业，或缺乏规模经济的企业都很难进入此产业。（2）增强讨价还价能力。企业成本低，可以使自己应付投入费用的增长，提高企业与供应者的讨价还价能力，降低投入因素变化所引起的影响。同时，企业成本低，可以提高自己对购买者的讨价还价能力，对抗强有力的购买者。（3）降低替代品的威胁。企业的成本低，在与替代品竞争时，仍然可以凭借其低成本的产品和服务吸引大量的顾客，降低或缓解替代品的威胁，使自己处于有利的竞争地位。（4）保持领先的竞争地位。当企业与产业内的竞争对手进行价格战时，由于企业的成本低，可以在其对手毫无利润的低水平上保持盈利，从而扩大市场份额，保持绝对的竞争优势。

三、简答题

1. 答案：

（1）2006年UNCTAD《世界投资报告》提出影响发展C国家跨国公司对外投资决策的四大动机是：寻求市场，寻求效率，寻求资源，寻求现成资产。

北方机床集团跨国并购G国S公司的主要动机是：

①寻求市场。“S公司承载着北方机床集团孜孜以求的核心技术和迈入国际高端市场的梦想”。

②寻求现成资产。“北方机床集团收购了S公司全部有形资产和无形资产”。“S公司承载着北方机床集团孜孜以求的核心技术和迈入国际高端市场的梦想”。

【考点分析】战略选择—国际化经营战略—企业国际化经营动因

（2）北方机床集团并购G国S公司所面对的主要风险：

①决策不当的并购。表现为：

可能高估并购对象所在产业的吸引力，“受世界金融危机的影响，……S公司经营情况有所好转，实现3 500万欧元销售收入，但仍处于亏损状态”。

可能高估自己对被并购企业的管理能力。“北方机床集团在对S公司进行整合中颇费思量，加上S公司内部原有的管理问题尚未彻底解决，公司陷入亏损的困境”。“由于受到国内下游需求方——汽车、铁路等固定资产投资放缓的影响，北方机床集团销售收入同比上年下降8%”。

②并购后不能很好地进行企业整合。北方机床集团为减少新的协同问题，“在对S公司进行整合中颇费思量，首先采取‘以诚信取信于G国员工’的基本策略，承诺不解雇一个S公司员工，S公司的总经理继续留任；其次，北方机床集团与S公司总经理多次沟通，谋求双方扬长避短、优势互补，使‘混合文化形态’成为S公司未来的个性化优势，以避免跨国并购可能出现的文化整合风险”；“在运营整合方面，仍由S公司主要负责开发、设计及制造重要机械和零部件，组装则在C国完成，力求实现G国S公司雄厚的技术开发能力和C国劳动力成本优势的最佳组合”；“在运营整合方面，仍由S公司主要负责开发、设计及制造重要机械和零部件，组装则在C国完成，力求实现G国S公司雄厚的技术开发能力和C国劳动力成本优势的最佳组合”；“然而，S公司内部原有的管理问题尚未彻底解决，公司陷入亏损的困境。北方机床集团不得不开始更换S公司的管理团队，逐渐增强北方机床集团在S公司的主导地位”。

【考点分析】战略选择—总体战略—发展战略的主要途径

2. 答案：

（1）福康健收购江华公司的动因为：①通过并购江华公司，迅速进入华中、华东和华南地区市场；②获取规模经济效益，使得福康健可以更大的产量和收购量实现更低的单位成本；③通过并购形成更大的规模，防止被收购而保持独立性；④收购同行业的江华公司，可以降低集中在北方市场的经营风险，减少了竞争压力，在增强实力的同时获得了竞争优势。

根据并购方的身份类型，福康健公司收购江华公司所属的并购类型为产业资本并购，即非金融企业作为并购方，通过直接向江华公司股东购买股份的方式取得目标企业全部股权的行为。

根据并购方的身份类型，FZ 公司收购福康健公司 40% 的股份属于金融资本并购。金融资本并购一般是由投资银行或者非银行金融机构进行。

【考点分析】战略选择—总体战略—发展战略的主要途径

（2）福康健公司采用差异化战略的优势在于可以很好地防御产业中的五种竞争力量，获得超过平均水平的利润。具体讲，主要表现在以下几个方面：

①形成进入障碍。由于福康健公司采用高科技技术和无污染、非转基因的粮食原料进行粮食产品的绿色深加工，产品特色明显，顾客对该产品或服务具有很高的忠实程度，从而使该产品和服务具有强有力的进入障碍。

②降低顾客敏感程度。由于顾客对企业产品和服务有某种程度的忠实性，当这种产品价格发生变化时，顾客对价格的敏感程度不高。

③增强讨价还价能力。差异化战略可以为福康健公司产生较高的边际收益，降低企业的总成本，增强企业对供应者讨价还价的能力。

④防止替代品威胁。替代品能否替代老产品，主要取决于两种产品的性能—价格比的比较。差异化战略通过提高产品的性能来提高产品的性能—价格比，可以抵御替代品的威胁。

【考点分析】战略分析—企业外部环境分析—产业环境分析

（3）FZ 公司采用的市盈率法可以将目标公司的每股收益与同行业上市公司的市盈率调整后相乘。一般来说，由于考虑了未来成长性，这种评估方法获得的目标公司估值是最大价值，福康健公司股东作为股权的出售方，比较容易接受。

净资产价值是不考虑未来持续经营的估值方法，即出售全部资产和清偿所有债务所能收到的金额。由于这种估价方法忽略了企业资产负债表上没有反映的无形资产、品牌、渠道、管理层能力等的价值，所评估的结果往往是最低的，正常并购时很难被出让股权的一方接受。因此预计福康健公司的股东不会接受净资产价值的估值结果。

【考点分析】战略选择—总体战略—发展战略的主要途径

3. 答案：

（1）M 公司的全球供应商数量现在是 700 家左右，从多个供应商处采购，采用的是多货源策略。该策略的优点是：①能够取得更多的知识和专门技术；②一个供应商的供货中断产生的影响较低；③供应商之间的竞争有利于对供应商压价。

有很多产品的设计方案直接交给厂商来做，采用的是由供应商负责交付一个完整的子部件。该策略的优点是：①允许采用外部专家和外部技术；②可为内部员工安排其他任务；③采购主体能够就规模经济进行谈判。

（2）购买环节验收环节存在不足：该企业“采购的验收环节把控不严，经常出现入库的一些产品存在不合格的情况，而且验收流程不规范，一些产品找不到相应的验收证明”。会计记录存在不足。付款环节会计系统控制存在不足：该企业“会计记录也不完整在期末进行盘点的时候经常出现账实不符的情况。”

（3）M 公司采用战略联盟的动因包括：促进技术创新，避免经营风险，避免或减少竞争，实现资源互补，开拓新的市场，降低协调成本。

4. 答案：

（1）①技术的不确定性。“技术的不确定性以及业务创新对技术和人才储备的要求都是对企业严峻的考验”。

②战略的不确定性。“新能源汽车的运营模式、行业规范和服务体系等方面无法仿照传统燃油汽车，存在诸多不确定性”。

③成本的迅速变化。“服务设施尚不完善，价格过高且伴随规模经济与经验曲线的形成肯定会大幅度降价，第二代和第三代产品将迅速取代现有产品”。

④萌芽企业和另立门户。“新能源汽车供应链处于初建期，企业原材料、零部件及其他供给不足；分销渠道、充电设备、维修保养、保险业务等服务很不完善”“消费者普遍认为新能源汽车技术尚不成熟、服务设施尚不完善、价格过高，且伴随规模经济与经验曲线的形成肯定会大幅度降价”。

⑤首次购买者。“服务设施尚不完善，价格过高且伴随规模经济与经验曲线的形成肯定会大幅度降价，第二代和第三代产品将迅速取代现有产品，因而采取等待观望态度，在这种情况下，企业市场营销的中心活动只能是选择顾客对象并诱导初始购买行为”。

（2）①专有技术。“技术的不确定性以及业务创新对技术和人才储备的要求都是对企业严峻的考验”。

②获得分销渠道。“分销渠道、充电设备、维修保养、保险业务等服务很不完善”“服务设施尚不完善”。

③得到适当成本和质量的原材料和其他投入（如熟练劳动力）。“新能源汽车供应链处于初建期，企业原材料、零部件及其他供给不足”。

④经验造成的成本优势。“价格过高且伴随规模经济与经验曲线的形成肯定会大幅度降价，第二代和第三代产品将迅速取代现有产品”。

⑤风险。“2008 年，传统汽车生产企业旭辉公司决定研发、生产国内第一款新能源汽车。此举在同行眼中无异于一种逆风而上的冒险行为”“技术的不确定性以及业务创新对技术和人才储备的要求都是对企业严峻的考验”。

（3）①原材料、零部件、资金与其他供给的不足。“技术的不确定性以及业务创新对技术和人才储备的要求都是对企业严峻的考验。其次，新能源汽车的运营模式、行业规范和服务体系等方面无法仿照传统燃油汽车，存在诸多不确定性。第三，新能源汽车供应链处于初建期，企业原材料、零部件及其他供给不足，分销渠道、充电设备、维修保养、保险业务等服务很不完善”。

②顾客的困惑与等待观望。“消费者普遍认为新能源汽车技术尚不成熟。服务设施尚不完善，价格过高且伴随规模经济与经验曲线的形成肯定会大幅度降价，第二代和第三代产品将迅速取代现有产品，因而采取等待观望态度”。

③被替代产品的反应。“2014 年下半年政府推出一系列扶持新能源汽车产业的政策，而此前传统汽车企业大多采取深耕传统燃油汽车的策略以及降低被新能源汽车替代的风险”。

四、综合题

答案：

（1）市场情况。

①产品具有较高的价格弹性，市场中存在大量的价格敏感用户。“市场需要大量老百姓买得起、用得起的‘民牌’空调”。

②购买者不太关注品牌，大多数购买者以同样的方式使用产品。“升达公司在公布空调成本的同时，将其空调产品全线降价，平均降幅达 20%。升达公司得罪了同行，却赢得无数的消费者”。

③价格竞争是市场竞争的主要手段，消费者的转换成本较低。“升达公司发动的价格战也使整个空调行业的产品价格节节下滑，市场均价从 2002 年的 2 500 元降到 2003 年的 2 000 元”。

资源和能力：

①在规模经济显著的产业中装备相应的生产设施来实现规模经济。“在零部件成本、生产率、设备利用率、规模经济等方面都具备整机制造成本优势”。

②降低各种要素成本。“在零部件成本、生产率、设备利用率、规模经济等方面都具备整机制造成本优势”“升达公司发挥其灵活的民营企业机制，实施全方位的承包责任制，激发了各级人员的积极性、主动性和创造性，对于提高企业效率和降低运营成本发挥了重要作用”。

③提高生产率。“在零部件成本、生产率、设备利用率、规模经济等方面都具备整机制造成本优势”“公司在 2001 年引起全球最先进的信息化管理工具 ERP，配合内部各个部门严格的承包制的实施，对提高企业效率和降低运营成本起到了极大的作用”“升达公司发挥其灵活的民营企业机制，实施全方位的承包责任制，激发了各级人员的积极性、主动性和创造性，对于提高企业效率和降低运营成本发挥了重要作用”。

④提高生产能力利用程度。“在零部件成本、生产率、设备利用率、规模经济等方面都具备整机制造成本优势”。

⑤选择适宜的交易组织形式。“在升达公司家乡 n 市，做空调配件的企业很多，整个空调产业链已经成型，升达公司通过整合这些企业，产品零部件自制率达到 90%，与同类企业一般不超过 50% 的自制率相比，在零部件成本、生产率、设备利用率、规模经济等方面都具备整机制造成本优势”“在采购环节，升达公司同时采用自制和外购两条路线，当自制的质量和价格有优势时，采用自制，自制明显不如外购有竞争力时，就毫不犹豫地采用外购，甚至关掉自制部门”“这些设备和原料共有的特点是品质在全球范围内相对较好，价格最低”。

（2）1999 年之后：公司主要面临的是市场风险中的产品或服务的价格及供需变化带来的风险。“升达公司意识到，国内空调从少数人的奢侈品转为大众消费品的时机已经来临，市场需要大量老百姓买得起、用得起的‘民牌’空调。处于弱势地位的升达公司找到了挑战竞争对手、壮大自身的法宝——以价格制胜”。

涉及的战略变革类型：

①技术变革。“与同类企业一般不超过 50% 的自制率相比，在零部件成本、生产率、设

备利用率、规模经济等方面都具备整机制造成本优势”。

②结构和体系变革。“在升达公司家乡 N 市，做空调配件的企业很多，整个空调产业链已经成型，升达公司通过整合这些企业，产品零部件自制率达到 90%”。

③人员变革。“升达公司发挥其灵活的民营企业机制，实施全方位的承包责任制，激发了各级人员的积极性、主动性和创造性，对于提高企业效率和降低运营成本发挥了重要作用”。

2012 年之后：公司面临的主要是市场风险中的潜在进入者、竞争者与替代品的竞争带来的风险。“为了避开与国内空调行业优势品牌的正面较量，升达公司将目标客户聚焦在新一代网络消费群体”。

涉及的战略变革的类型为：

①产品和服务变革。“建立起年轻化、时尚化的品牌形象，打造了‘倾国倾城’‘淑女窈窕’等情感化的明星产品”“在随后的 2013 年，升达公司开始进行企业产品升级”。

②技术变革。“累计投入超过 30 亿元用于技术创新、效率提升”。

③结构和体系变革。“先后推出二级供应链管理引进全球领先检测设备、吸纳超过 50% 的硕博人才组成创新研究团队，从根本上把控产品品质”“2017 年，升达公司智能工厂落成投产，以更加标准化、高周转率的技术实力，实现产品品质的又一次提升；在 J 国建立研发中心，实现智能化产品占比超 80%”。

2017 年之后：公司面临的主要是市场风险中的产品或服务的价格及供需变化带来的风险。“2017 年下半年以来，升达公司意识到，虽然电商存量市场很大，但增长速度开始下降，线上流量红利在下滑”。

涉及的战略变革的类型为：

结构和体系变革。“一是与国内著名电商普天组建联合团队，打通商家与平台的供应链，全面提升电商渠道供应链效率”“升达公司放弃了向经销商层层压货、完成销售任务后给予返利的销售模式，而是采用‘互联网直卖’方式，只发展一层终端零售商，产品订货起点定为 8 台”。

（3）红海战略与蓝海战略的关键性差异：

①拓展非竞争性空间或规避竞争。“为了避开与国内空调行业优势品牌的正面较量，升达公司将目标客户聚焦在新一代网络消费群体”。

②创造并攫取新需求。“打造了‘倾国倾城’‘淑女窈窕’等情感化的明星产品，吸引了一批有时尚要求、重情感又注重性价比的年轻人群”。

③打破价值与成本互替定律。“吸引了批有时尚要求、重情感又注重性价比的年轻人群”。

蓝海战略重建市场边界的基本法则：

①重新界定产业的买方群体。“为了避开与国内空调行业优势品牌的正面较量，升达公司将目标客户聚焦在新一代网络消费群体”。

②重设客户的功能与情感导向。“用 18—35 岁年轻消费者熟悉的代言人和沟通方式，建立起年轻化、时尚化的品牌形象，打造了‘倾国倾城’‘淑女窈窕’等情感化的明星产品，吸引了一批有时尚要求、重情感又注重性价比的年轻人群”。

③跨越时间。“升达公司就敏锐察觉到互联网发展的大趋势，积极与电商平台合作，在

整体布局上确定了互联网、智能化发展战略”。

（4）基本活动。

①生产经营。“2017 年，升达公司智能工厂落成投产，以更加标准化、高周转率的技术实力，实现产品品质的又次提升；在 J 国建立研发中心，实现智能化产品占比超 80%；筹建多个智能制造基地累计投资超过 150 亿元，为实现空调产业全智能一体化做好准备”。

②外部后勤。“目前升达公司拥有 1.5 万多家终端零售商，这些终端零售商通过手机 APP 直接下单，升达公司接单后通过各区域的仓储中心调配，由第三方物流送货到店。升达公司已建成社会化的售后服务网点 7 500 个，覆盖国内 98% 的县市”。

③市场销售。“将目标客户聚焦在新一代网络消费群体，充分依托电商平台，用 18—35 岁年轻消费者熟悉的代言人和沟通方式，建立起年轻化、时尚化的品牌形象，打造了‘倾国倾城’‘淑女窈窕’等情感化的明星产品，吸引了一批有时尚要求、重情感又注重性价比的年轻人群”“抓住国内电商平台纷纷下沉开店的机遇，向基层市场渗透，逐步熟悉终端零售商渠道”“升达空调总销售量达到 1 500 万台，在国内排名第三；在电商平台上，升达是销量最大的空调品牌”。

⑤服务。“终端零售商或用户通过云平台寻找所在地的升达公司售后服务人员，由他们抢单帮助安装、维修”。

①采购管理。“在采购环节，升达公司同时采用自制和外购两条路线，当自制的质量和价格有优势时，采用自制，自制明显不如外购有竞争力时，就毫不犹豫地采用外购，甚至关掉自制部门”。

②技术开发。“在随后的 2013 年，升达公司开始进行企业产品升级，累计投入超过 30 亿元用于技术创新、效率提升。先后推出二级供应链管理、引进全球领先检测设备、吸纳超过 50% 的硕博人才组成创新研究团队，从根本上把控产品品质”。

③人力资源管理。“升达公司是新办的企业，没有下岗职工和离退休人员的负担；升达公司发挥其灵活的民营企业机制，实施全方位的承包责任制，激发了各级人员的积极性、主动性和创造性，对于提高企业效率和降低运营成本发挥了重要作用”“吸纳超过 50% 的硕博人才组成创新研究团队”。

（5）价值网络强调。“以顾客为中心”，在专业化分工的生产服务模式下，把处于“价值链”上不同位置并存在密切关联的企业或者相关利益体整合在一起，建立一个以顾客为核心的价值创造体系，共同为顾客创造价值。当顾客出现新的价值需求时，网络成员也可以联合起来进行共同研发，迅速地满足顾客需求。“与国内著名电商普天组建联合团队，打通商家与平台的供应链，全面提升电商渠道供应链效率”“抓住国内电商平台纷纷下沉开店的机遇，向基层市场渗透，逐步熟悉终端零售商渠道”“终端零售商或用户通过云平台寻找所在地的升达公司售后服务人员……这不仅有利于市场价格体系的稳定，也克服了传统模式下渠道库存严重、层层加价、经销商资金周转慢、利润不稳定等弊端”“升达公司与以线下销售为主的长宁家电零售公司合作，共创智慧零售新模式”“从以前‘通过厂家直供的方式真正让利于经销商，打造至真至诚的利益共同体’进一步延伸到‘以升达公司主导产业为基础搭建 O2O（即 Online TO Offline，线上到线下）平台，为更多中小企业服务，全面赋能线下经销商’。‘双轮战略’的实施，将进一步实现线上线下融合、深耕零售发展的模式”。

（6）①促进技术创新。“升达空调原来的电商渠道供应链 SOP（即标准操作程序）分为

18 个节点，操作共需 33 个小时，新的系统上线以后优化为 6 个节点，操作只需 1 个多小时，大大提升了供应链效率”。

②避免经营风险。“与国内著名电商普天组建联合团队，打通商家与平台的供应链，全面提升电商渠道供应链效率”。

③实现资源互补。“升达公司作为长宁家电品牌主力军，通过长宁零售公司快速开启渠道下沉绿色通道，从线上渠道转移至线下渠道，在运营上借助长宁零售公司在市场上的口碑和服务，形成很强的品牌竞争力”。

（7）第一次战略转型：

价格策略：“升达公司在公布空调成本的同时，将其空调产品全线降价，平均降幅达 20%”。

第二次战略转型：

产品策略：“充分依托电商平台，用 18—35 岁年轻消费者熟悉的代言人和沟通方式，建立起年轻化、时尚化的品牌形象，打造了‘倾国倾城’‘淑女窈窕’等情感化的明星产品”“在随后的 2013 年，升达公司开始进行企业产品升级，累计投入超过 30 亿元用于技术创新、效率提升”。

第三次战略转型：

分销策略：“一是与国内著名电商普天组建联合团队，打通商家与平台的供应链，全面提升电商渠道供应链效率”。“二是抓住国内电商平台纷纷下沉开店的机遇，向基层市场渗透，逐步熟悉终端零售商渠道”。“2018 年 11 月，升达公司与以线下销售为主的长宁家电零售公司合作，共创智慧零售新模式”。

2020年注册会计师全国统一考试
《公司战略与风险管理》全真模拟试题（五）

一、单项选择题（本题型共24题，每题1分，共24分。每题只有一个正确答案，请从每题的备选答案中选出一个你认为正确的答案）

1. 生产运营流程中为客户所见的程度是指（　　）。

A. 批量　　B. 种类　　C. 需求变动　　D. 可见性

2. 甲公司每年最低运营资本是10亿元，但有5%可能需12亿元维持运营，该公司筹集了12亿元，将生存概率提高到95%管理损失事件方法为（　　）。

A. 风险资本　　B. 损失融资　　C. 保险　　D. 专业自保

3. 下列关于产业内的战略群组说法中，错误的是（　　）。

A. 极端情况下，每一个公司可能成为一个不同的战略群体

B. 同一个战略群组内的企业往往采用相同或相似的战略

C. 通过战略群组分析，可以使企业预测市场的变化或者发现战略机会

D. “蓝海战略”是采取常规的竞争方式与同行业中的企业展开针锋相对的竞争的战略

4. 实行多元化经营的达梦公司在家装行业有很强的竞争力，市场占有率达50%以上，近年来家装市场进入低速增长阶段，根据波士顿矩阵原理，下列各项中，对达梦公司的家装业务表述正确的是（　　）。

A. 该业务应采用撤退战略，将剩余资源向其他业务转移

B. 该业务的经营者最好是市场营销型人物

C. 该业务应由对生产技术和销售两方面都很内行的经营负责

D. 该业务需要增加投资以加强竞争地位

5. 下列各项关于应对风险的措施中，属于风险转移的是（　　）。

A. 甲公司是一家规模较小的唱片制作企业。为了保护唱片版权，丁公司与某网络商场签订合作协议，由该网络商场每年支付固定版权费用，商场会员即可无限次下载受到版权保护的丁公司制作的唱片音乐

B. 乙公司是一家稀有资源开发企业。按照国际惯例，甲公司每年向矿区所在地政府预付一定金额的塌陷补偿费

C. 丙公司是一家股票上市的商品零售企业。为了筹建更多商场，扩大市场占有率，乙

公司要求母公司为其金额为5亿元的中长期贷款提供担保

D. 丁公司是一家区域性奶制品生产企业。为了推广高端乳酸菌饮料产品，丙公司决定按照“买一送一”的政策对乳酸菌饮料新产品和传统水果味酸奶产品进行捆绑销售

6. S公司是一家跨国性电器制造公司，在全世界设有230多家公司。T集团股份有限公司是一家从事家电、信息、通讯、电工产品研发、生产及销售为一体的特大型国有控股企业。目前S公司与T公司在家电领域进行合作，S公司希望借用T公司在二三级城市的网络优势，而T公司希望学习跨国公司的营销方式获得尖端技术的开发能力还有关键零部件上的采购优惠。根据以上信息可以判断，S公司与T公司的合作属于（　　）。

A. 横向并购　　B. 纵向并购　　C. 战略联盟　　D. 内部发展

7. 甲公司在实施风险管理过程中，对由人为操作和自然因素引起的各种风险对企业影响的大小和发生的可能性进行分析，为确定企业风险的优先次序提供分析框架，该公司采取的上述风险管理方法属于（　　）。

A. 决策树法　　B. 流程图分析法

C. 马尔科夫分析法　　D. 风险评估系图法

8. 甲企业是一家生产婴幼儿用品的企业，随着人口出生率的下降，婴幼儿市场出现了萎缩的趋势。该企业决定将原有婴幼儿洗护用品直接推向成人市场，广告宣传注重“儿童使用的洗护用品对皮肤的刺激性最小，成人使用更没有问题”的主题。这种战略在企业“产品—市场战略组合”中被称为（　　）。

A. 市场渗透战略　　B. 市场开发战略　　C. 产品开发战略　　D. 多元化战略

9. 中小企业实力较弱，在经营中要求把有限的资源和力量投入到一个确定的目标市场上。中小企业实施的这一战略，称为（　　）。

A. 集中化战略　　B. 一体化战略　　C. 产品开发战略　　D. 市场开发战略

10. 甲企业在市场调查中发现，一部分消费者在购物过程中追求有新鲜感的产品多于其实际需要，因此决定推出不同产品类型以满足不同顾客的需求。这表明甲企业注意到了（　　）的影响。

A. 生活方式　　B. 消费心理　　C. 一般经济条件　　D. 价值观

11. 云飞公司最初是一家电子商务企业，后来成长为业务涵盖网上商城、餐饮、酒店和物流的大型多元化公司。云飞公司的发展体现了公司（　　）。

A. 经营哲学的变化　　B. 宗旨的变化

C. 公司目的的变化　　D. 战路层次的变化

12. 以下关于价值链说法错误的是（　　）。

A. 价值链中的价值应该站在企业角度来理解

B. 价值链理论将价值活动区分为五种基本活动和四种辅助活动

C. 每项辅助活动都会涉及基本活动

D. 价值链分析的目的在于找到为企业贡献最多增加值的活动

13. 甲公司董事会对待风险的态度属于风险厌恶。为有效管理公司的信用风险，甲公司管理层决定将其全部的应收款项以应收总金额的80%出售给乙公司，由乙公司向有关债务人收取款项，甲公司不再承担有关债务人未能如期付款的风险。甲公司应对此项信用风险的策略属于（　　）。

A. 风险降低　　B. 风险转移　　C. 风险保留　　D. 风险规避

14. 2007 年上半年，中国广大地区的猪肉价格大幅度上涨，其中部分原因来自于养殖成本大幅上升。为此，一些政府开始给予养猪企业贷款和补贴，这种补贴行为对养猪行业的影响属于（　　）。

A. 经济因素　　B. 技术因素　　C. 政治和法律因素　　D. 文化因素

15. M 公司是一家经营多年的房地产公司，伴随着房地产业高速增长，同时出现了风险加大的问题，为此企业决定成立一家分公司主营食品加工。M 公司的风险管理策略工具是（　　）。

A. 风险规避　　B. 风险转移　　C. 风险对冲　　D. 风险补偿

16. 2017 年，主营电子商城业务的鑫茂公司制定和实施了新零售战略，对原有业务进行了较大调整，建立了多家商品销售实体店，线下线上业务协同开展。这一变革得到企业固有文化的支持。根据战略稳定性和文化适应性矩阵的要求，该公司在实施上述新战略时应（　　）。

A. 以企业使命为基础　　B. 加强协调作用

C. 重新制定战略　　D. 根据文化进行管理

17. 甲公司是一家酒楼，每天从屠宰场采购新鲜肉类，但由于市场需求波动较大，有时候当天用不完的肉类需要放入冷库储存，而有时候又因为库存不足导致缺货，由此可见，甲公司的采购业务没有注意到的风险是（　　）。

A. 供应商选择不当，采购方式不合理导致不能及时送货

B. 供应商选择不当，可能导致采购物资质次价高，出现舞弊或遭受欺诈

C. 采购计划安排不合理，市场变化趋势预测不准确，造成库存短缺或积压，可能导致企业生产停滞或资源浪费

D. 采购验收不规范，付款审核不严，可能导致采购物资、资金损失或信用受损

18. 我国某电子元器件加工企业发现东南亚电子元器件产业尚处于起步期，有很好的发展前景，决定将我国过剩的生产能力转移到东南亚。该企业国际化的动因属于（　　）。

A. 寻求现成资产　　B. 寻求资源　　C. 寻求市场　　D. 寻求效率

19. 下列关于损失事件管理的说法中，正确的是（　　）。

A. 风险资本所需的资金取决于公司的风险偏好

B. 应急资本提供方需承担特定事件发生时的风险

C. 预期损失融资属于风险资本的范畴

D. 专业自保公司要承保其母公司的风险，也可在保险市场开展业务

20. 中科公司是国内一家著名的印刷机制造商。面对 G 国先进印刷机在中国的市场占有率迅速提高，中科公司将业务转型为给 G 国印刷机的用户提供零配件和维修保养服务，取得比业务转型前更高的收益率。从风险管理策略角度看，中科公司采取的策略是（　　）。

A. 风险规避　　B. 风险转换　　C. 风险转移　　D. 风险补偿

21. 甲公司今年非常重视企业的风险，财务部王经理指出，企业风险是指那些影响企业实现其战略目标的不确定性。下列说法中，不正确的是（　　）。

A. 企业风险与企业战略相关　　B. 风险是最有可能的结果

C. 风险既具有客观性，又具有主观性　　D. 风险总是与机遇并存

22. 下列不属于销售业务需要关注的风险的是（　　）。

A. 销售过程存在舞弊行为，可能导致企业利益受损

B. 销售政策和策略不当，市场预测不准确，可能导致销售不畅

C. 客户信用管理不到位，可能导致销售款项不能收回或遭受欺诈

D. 产品质量低劣，侵害消费者利益，可能导致企业巨额赔偿、形象受损

23. 以下不属于 COSO 内部控制框架提出的内控目标的是（　　）。

A. 促进企业实现发展战略　　B. 取得经营的效率和有效性

C. 确保财务报告的可靠性　　D. 遵循适用的法律法规

24. 某公司在开展内部控制评价工作时强调，应当在全面评价的基础上，关注重要业务单位、重大业务事项和高风险领域，这反映了内部控制评价的（　　）原则。

A. 特殊性原则　B. 全面性原则　C. 重要性原则　D. 客观性原则

二、多项选择题（本题型共 14 题，每题 1.5 分，共 21 分。每题均有多个正确答案，请从每题的备选答案中选出你认为正确的所有答案。每题所有答案选择正确的得分；不答、错答、漏答均不得分）

1. 甲公司成立五年来，利用创业者的人脉关系，企业规模得到迅速发展。但该创业者也愈发感觉到面临竞争时企业有些力不从心。经过向咨询公司请教，得出的结论是该企业缺乏核心能力。对于该企业而言，能够帮助创业者识别自身核心能力的方法包括（　　）。

A. 功能分析　B. 资源分析　C. 情景分析　D. 过程系统分析

2. 美邦服装公司每年都采用投资回报率、销售利润率、资产周转率等比率指标对经营业绩进行评价。下列各项中，属于该公司采用的绩效评价指标的局限性的有（　　）。

A. 鼓励短期行为　　B. 比率不是一成不变的

C. 比率不可以用作目标　　D. 可比信息的可获得性较差

3. 当企业在实施一个新战略时，组织的要素会发生重大的变化，又多与企业现有的文化很不一致，或受到现有文化的抵制。为了处理这种重大的变革，企业可以从（　　）方面采取管理行动。

A. 设法让管理人员和员工明确新文化所需要的行为，形成一定的规范

B. 企业的高层管理人员要痛下决心进行变革，并向全体员工讲明变革的意义

C. 要发挥企业现有人员在战略变革中的作用

D. 将奖励的重点放在具有新文化意识的事业部或个人的身上

4. 美福粮是一家知名的粮食加工公司，经过一段时间的考察，计划通过股权收购的方式，收购位于中部地区某省的一家产品品质较高但品牌知名度较低的江华粮食加工公司的全部股权。美福粮所处的行业和业务模式得到了某私募股权投资机构 AP 公司的关注。AP 公司拟通过分批股权投资的方式，获取美福粮 60% 的股份。上面资料涉及的并购类型包括（　　）。

A. 横向并购　B. 杠杆并购　C. 金融资本并购　D. 产业资本并购

5. 下列属于公司进行跨国经营的动机的有（　　）。

A. 确保有充足的资源

B. 利用潜在机会为公司产品扩大市场

C. 确保生产的低成本

D. 减少因公司扩张而遭遇到的国内政治压力

6. 宝胜公司是一家全球性的手机生产企业。近年来公司在高速发展的同时，面临的风险也与日俱增。为了更好地分析面临的市场风险，宝胜公司应该至少收集的与该公司相关的重要信息有（　　）。

A. 全球汇率变动状况

B. 全球手机价值链生产供应状况

C. 各国手机的价格及供需变化

D. 各国对手机及其零部件进出口的政策导向

7. 以下对于企业生态系统表述正确的有（　　）。

A. 企业生态系统还可能涉及竞争对手、客户、监管机构与媒体等

B. 企业生态系统大多以线性方式运作，能够灵活适应供求的变化

C. 企业生态系统强调“以顾客为中心”

D. 企业生态系统中每家企业最终都与整个生态系统共进化、共命运

8. 乙公司是上海浦东地区一家集团企业，其主营业务为电子元器件的加工与制造等。乙公司拥有自己的研发中心，申请了大量电子产品相关专利。正是由于公司的技术因素，使得该公司产品在全国具有较高的认同度，市场占有率颇高。当然，公司产品成功除了技术层面的原因外，公司在产品营销策划方面和渠道建设方面也很有经验。根据上述信息，可以判断乙公司所拥有的无形资源有（　　）。

A. 专利　　B. 优越地理条件　　C. 组织经验　　D. 品牌

9. 甲公司是一家钢材制造企业，目前甲公司根据五力分析模型对其所处的行业环境进行分析，分析结果表明甲公司的议价能力较强。下列选项中，能够支持甲公司的分析结果的有（　　）。

A. 该企业是某供应商最大的客户，甲的采购量占其可供应总量的60%以上

B. 市场上能够提供甲公司所需原料的供应商众多

C. 该公司一直以来想要实现后向一体化战略，但是都没有成功

D. 甲公司高薪聘请了一批谈判技巧很高的采购人员

10. 下列关于内部控制审计的说法中，正确的有（　　）。

A. 会计师事务所及其签字的从业人员应当对发布的内部控制审计意见负责

B. 上市公司聘请的会计师事务所应当具有证券、期货业务资格

C. 对于非财务报告内部控制的重大缺陷，应在内部控制审计报告中增加“非财务报告内部控制重大缺陷描述段”予以披露

D. 注册会计师不能将内部控制审计与财务报表审计整合在一起进行

11. 减损型现金剩余的财务战略可以包括（　　）。

A. 提高经营效率　　B. 提高税后经营利润率

C. 提高经营资产周转率　　D. 彻底重组

12. 巨能公司是多家手机制造企业的电池供应商。根据波特的五种竞争力分析理论，下列各项关于巨能公司与其客户讨价还价能力的说法中，正确的有（　　）。

A. 巨能公司能够进行前向一体化时，其讨价还价能力强

B. 巨能公司提供的电池差异化程度越高，其讨价还价能力越强

C. 巨能公司的客户购买量越大，巨能公司讨价还价能力越强

D. 巨能公司掌握的客户的转换成本信息越多，其讨价还价能力强

13. 依据《企业内部控制应用指引第 15 号——全面预算》，下列需关注的主要风险是（　　）。

A. 预算目标不合理，可能导致发展战略难以实现

B. 预算缺乏刚性，可能导致预算管理流于形式

C. 提供虚假财务报告，会误导财务报告使用者，造成决策失误

D. 预算编制不健全，可能导致企业经营缺乏约束

14. 华泰医药公司拟在 J 国建立一个药品研发和生产基地，并对该国的相关情况进行了调查分析。下列各项中，符合钻石模型四要素分析要求的有（　　）。

A. J 国近年来经济增长较快，对高质量药品需求与日俱增

B. J 国政府近期颁布了多项支持医药产业发展的政策

C. J 国药品研发人才不足，尚无一项药品专利

D. J 国本土医药企业虽然数量较多，但规模小，竞争主要围绕价格进行

三、简答题（本题型共 4 小题 30 分。其中一道小题可以选用中文或英文解答，请仔细阅读答题要求。如果用英文解答，须全部使用英文，答题正确的，增加 5 分。本题型最高得分为 35 分。在答题卷上解答，答在试题卷上无效）

1. （本小题 6 分，可以选用中文或英文解答，如使用英文解答，须全部使用英文，答题正确的，增加 5 分，最高得分为 11 分）

服装行业是我国的传统优势产业，在国民经济中占据了重要地位，同时是我国出口构成的重要产品，因此服装行业对宏观经济的波动反应明显，国内外经济形势都会通过消费来影响服装行业。而且服装行业竞争较为充分，行业集中度不高。由于市场供大于求，加上行业市场的整体低迷，产品同质化问题的不断加深，市场竞争日趋激烈，行业整体盈利水平明显下滑。

甲公司是一家外贸型服装加工企业，产品 60% 出口，40% 通过国内大型超市销售。2008 年发生金融危机后，国外市场受经济波动影响，订单大幅减少，企业资金压力巨大。近年，国外经济虽有一定好转，但前景仍不明朗。相比之下，在国内几家大型超市的销售还算不错。公司与超市约定的账期一般为一个月，但经常发生拖后情况，有时长达 3 个月还拿不到货款，进一步加剧了公司的资金问题。为此公司与当地银行签署协议，该银行承诺在甲公司遇到紧急资金需求时在约定额度内优先给予贷款。

甲公司面料全部从意大利进口，与供应商的业务往来全部通过网络进行。意大利近年通货膨胀严重，几家主要面料供应商经营也面临问题，供货时常中断。

同时，公司处于长三角地区，企业众多，供电紧张，经常拉闸限电，致使公司生产不能正常进行，成本上升明显。“用工荒”也使得公司无法招聘到足够多的熟练工人，只能招聘生手进行生产。

要求：

（1）简要分析甲公司目前遭受风险的类型。

（2）简要分析甲公司为应对资金问题采取的措施类型，并分析其特点。

2.（本小题 8 分）

资料一

20 世纪 50 年代开始，瑞士手表占领的市场受到低端手表的巨大冲击，其中以日本、中国香港等公司生产的低端石英表和塑料手表为代表，对瑞士传统的手工制作的宝石手表的冲击最大。传统的瑞士手表注重利用宝石来制作手表内部的零件，表壳则利用珍贵的金属原料制造。众所周知，瑞士表在世界上以名贵、优质、精准闻名。然而在社会需求和市场竞争的推动下，一些国外生产商开始利用更便宜的原料来生产低端手表，并且迅速抢占了手表市场中的大部分市场。甚至是占领了世界市场上多半部分的手表市场份额。而瑞士手表因此而面临市场被严重挤压的状况。

面对这种恶劣情况，瑞士的 M 公司采用了新的战略。推出了 S 品牌手表。正是这个品牌的出现，全面转变了瑞士手表市场受挤压的状况。从一开始，S 品牌手表区别于其他传统钟表的特征就非常的明显。虽然它是采用塑料制作，但是它看起来非常睿智、时尚，有时候它的设计甚至采用玻璃碎片，还有鲜明的颜色。从来没有任何的手表品牌采用过那么大胆的色彩，带来如此不同的效果。S 品牌手表有几十个产品系列可供选择，在任何场合、任何情况都能找到适合的款式。

资料二

大胆出格的设计很好地向人们传达了 S 品牌手表的精神内涵。它是优质的——瑞士制造；它是可以消费得起的——区区 60 马克而已。当人们把它取下来的时候，希望每一个去触及的人都感受到它的精神内涵。M 公司的 CEO 曾这样定义 S 品牌手表："时尚只是表面的，而一个具有感情的产品是带着精神内涵的——一个强大的、令人激动的、与众不同的、真诚的精神内涵，我们想要告诉人们，你是谁，你在做什么。S 品牌手表的精神内涵里包括很多元素。高品质，低价格。充满诱惑。享受生活。在这些元素里最重要的一个就是——不可模仿。我们不只是在售卖手表，我们是在传达我们的文化。"

在管理层面，转机很大程度上归功于 M 公司的 CEO 张某。M 公司旗下掌握着 9 个世界著名的瑞士品牌，其中包括 S 品牌手表。在过去的十年中，张某领导企业实施了一种独特的市场战略，手表制造企业应该如何经营，在这个问题上，张某倡导的战略有悖于手表制造行业的一贯思维，但恰恰是这样的战略给 S 品牌手表带来了巨大成功。这个战略是建立在一种系列严谨的约束之上，其中包括：垂直式生产（企业所出售的手表全部组装过程由企业完成并且手表大部分的配件也由企业自己生产）；分散营销（M 公司旗下 9 个品牌对自己产品的设计和营销拥有独立的权力）；组合管理（M 公司的目标是在每个价格区间都拥有一个具备竞争力的品牌）。

资料三

通过 S 品牌手表的带动，M 公司很快在市场中站稳脚跟，并且促使瑞士表整体的市场份额的大幅度提升，瑞士又一度成为世界知名的手表生产制造国。

随着公司的快速发展，M 公司并没有放弃继续发展的机会。针对不同的消费者，将市场分为低中高三层，针对每一层次的消费者设计制造不同的产品，这又为该公司带来了巨额的利益和更大的市场空间。

（1）根据资料一，分析判断 M 公司采取的是何种基本竞争战略。

（2）简述蓝海战略总结的六种重建市场边界的基本法则。根据资料二，分析体现的是重建市场边界基本法则里的哪条路径。

（3）简述目标市场选择战略类型。根据资料三，简要分析M公司采用的目标市场战略。

3.（本小题8分）

2004年1月，以B2C为主要经营模式的综合性网络零售商喜旺公司注册成立。此时在电商领域，无论是用户规模或是平台数量，早期进入者云里公司已占尽先机。为了突破云里公司一家独大的状况，喜旺公司采取一系列战略举措，实现对产业链上下游的整合和控制，打造自身的竞争优势。

（1）自建物流体系，喜旺公司早期与大多数电商一样，采用第三方物流配送商品。随着商品年销售量的不断增加，第三方物流配送能力不足、每天数千单货物积压问题日益显著，严重影响服务质量和客户满意度。喜旺公司决定自建物流体系，并于2007年投资2 000万元建立东速快递公司，专为喜旺商城提供物流服务，服务范围覆盖200多座城市，东速快递公司的成立，大大提高了喜旺商城全国配送商品的速度，为喜旺商城的用户带来良好的体验。此后，喜旺公司不断完善物流配送体系，将大量资金用于物流队伍、运输车队、仓储体系建设。到2011年，喜旺公司在全国各地建立7个一级物流中心和20多个二级物流中心，以及118个大型仓库。

（2）进一步整合物流配送资源和能力，2014年3月，喜旺公司并购迅风物流，喜旺公司与国有邮政公司达成战略合作；2016年5月，喜旺公司并购"快快"，实现"两小时极速达"的个性化增值服务。喜旺公司这一系列举措，使得其下游配送的效率取得质的飞跃。

（3）运用多种方式整合与完善商品采购与供给端。为了确保上游供给商品的质量与可靠性。2014年4月，喜旺公司与国内最大海洋牧场微岛公司达成合作协议；2014年6月，喜旺公司投资智能体重体脂秤P产品；2015年5月，喜旺公司投资7 000美元建立生鲜电商果园；2015年8月，喜旺公司与国信医药公司合作，使用户在喜旺平台可购买处方药品；

2015年8月，喜旺公司出资43亿元战略入股永芒超市，取得10%股权。永芒超市是国内超市中最好的生鲜品供应商，拥有业内最低的生鲜品采购成本。永芒超市的门店超过350家，但还不能覆盖全国。线上线下两大零售巨头原本是竞争对手，达成合作后，在永芒超市门店尚未覆盖的区域，喜旺公司可以与永芒超市共同提供O2O服务（即Online线上网店和Offline线下消费），因此双方还有较大的潜在合作空间。

要求：

（1）简要分析喜旺公司所实施的发展战略类型及其实施该战略的动因（或优势）。

（2）简要分析喜旺公司实施发展战略所采用的途径。

（3）简要分析喜旺公司与永芒超市合作的动因。

4.（本小题8分）

智勤公司成立于2010年，是一家研究开发智能手机的企业。智勤公司从创立之初就做了大量的市场调研，发现智能手机市场上国内中低端品牌与国际高端品牌的技术差距正在逐步缩小，消费者更多地关注产品价格，价格竞争开始成为市场竞争的主要手段。在此基础上，智勤公司对消费者的年龄进行了细分，将目标市场消费者的年龄定位在25至35岁之间，这个阶段的年轻人相对经济独立，普遍处于事业的发展期，并且个性张扬，勇于尝试，对于新鲜事物的接受程度比其他年龄段的人更高。

为了适应目标顾客对价格敏感的特点，智勤手机以其“高性价比”走入大众视线，为了降低智勤手机的成本和价格，智勤公司采取了以下措施：

（1）开创了官网直销预订购买的发售方式，减少了昂贵的渠道成本，使智勤手机生产出来之后，不必通过中间商就可以到达消费者手中。

（2）在营销推广方面，智勤公司没有使用传统的广告营销手段，而是根据消费者的不同类型，分别在智勤官网、QQ 空间、智勤论坛、微信平台等渠道进行智勤手机的出售和智勤品牌的推广，在很大程度上采用粉丝营销、口碑营销的方式，有效降低了推广费用。

（3）采用低价预订式抢购模式。这种先预定再生产的方式使智勤公司的库存基本为零，大大减少了生产运营成本。

（4）智勤手机定价只有国际高端手机的 1/3，而其硬件成本要占到其定价的 2/3 以上。为了既保证高性价比又不降低手机的产品质量，智勤公司为手机瘦身，把不需要的硬件去掉，把不需要的功能替换掉，简化框架结构设计，使用低成本的注塑材质工艺等。

（5）将手机硬件的研发和制造外包给其他公司，提高了生产率，大大减小了智勤成立之初的资金压力。

（6）实现规模经济，2011 ~ 2015 年智勤手机的销售量突飞猛进地增长，进而为智勤手机通过规模经济降低成本和价格奠定了基础。

要求：

（1）从市场情况和资源能力两个方面，简要分析智勤手机实施成本领先战略的条件。

（2）从确定目标市场和设计营销组合两个方面，简要分析智勤手机的营销策略。

四、综合题（本题型共 1 题，25 分。在答题卷上解答，答在试题卷上无效）

2001 年在上海证券交易所上市的大河啤酒公司成功地在中国西部 A 省省会一个拥有 300 万人口的 C 市收购了一家啤酒厂（奥鑫啤酒公司），奥鑫啤酒公司不仅在 C 市取得了 95% 以上市场占有率的绝对垄断，而且在 A 省的市场占有率也达到了 60% 以上，成为 A 省啤酒业界名副其实的龙头老大。

奥鑫啤酒公司非常注重产品的质量管理和品牌建设，因此深得 C 市消费者的好评，产品价格、市场占有率、品牌美誉度都比较高。奥鑫啤酒公司针对不同地区、不同年龄消费人群推出了清爽、纯生、纯鲜等产品系列。同时在低端产品、中端产品、高端产品都有分布。

渠道创新是啤酒营销创新的重要方面，缩短渠道链，实现渠道扁平化，增强企业对终端渠道的掌握力是渠道创新的方向。但奥鑫啤酒公司还在延续“企业——一级商—二级商—零售终端”的传统渠道模式，渠道链长，物流效率低，终端控制力低，渠道成员利润率低，渠道稳定性低，影响和制约着奥鑫啤酒公司在 A 省市场竞争力的快速提升。

A 省啤酒企业内部竞争形势不容乐观，中小企业面临生存危机。青岛、雪花、燕京等均在 A 省周边省份并购了大中型啤酒企业，对 A 省市场形成了包围、渗透之势。

A 省是中国人口大省，C 市又是 A 省的省会。A 省经济多年来稳步发展，经济总量已经位居全国前列，啤酒年消费总量也已经排在全国前六位。居民消费水平不断提升，中高档产品消费需求量越来越大，对产品品牌的要求越来越高。因此，A 省啤酒工业的发展前景光明，前途辉煌，具备极大的市场潜力。

C 市 100 公里内有一家白云山啤酒公司，3 年前是 A 省的老大。然而，最近白云山啤酒因经营不善全资卖给了一家境外公司。白云山啤酒公司是典型的地方性品牌，市场份额几乎全在C市。

白云山啤酒公司在被收购后，立刻花了上千万元的资金搞技改，还请了世界第四大啤酒厂的专家坐镇狠抓质量。

与奥鑫啤酒公司相比，白云山啤酒公司各种资源极为有限，资金实力悬殊。白云山啤酒公司单纯与奥鑫啤酒公司拼活动、拼促销、拼政策是很难取得成效的。在正面竞争的同时，白云山啤酒公司摆脱销售季节性的束缚，跳出单纯节日、旺季“凑热闹”促销的圈子，白云山啤酒公司让自己的每一次营销活动“连点成线”，给自己的目标消费者持续、不间断地“消费刺激”，变被动为主动，牵住对手的鼻子走，避免实力的火拼，充分利用竞争对手淡季或节假日之外时间麻痹大意的空隙，充分利用反季节营销，将各种资源进行整合。即使在啤酒消费淡季寒冷的冬天，企业也紧紧抓住消费者进行及时的沟通和互动，将各种活动连点成线，大打品牌战、文化战、产品质量战。通过避实就虚的反向情感营销、偏向虎山行的逆向竞争策略等高超营销手段取得了一次又一次的竞争成功。

但是，白云山啤酒公司在市场占有率提高的同时，也遇到了公司内部的管理问题。该公司过度强调销售，以致把结算流程、财务制度和监控机制都甩在一边。销售团队产生了骄傲轻敌的浮躁，甚至上行下效不捞白不捞。公司让部分城区经理自任经销商，白用公司的运货车，赊公司的货，又做生意赚钱，又当经理拿工资。库房出现了无头账，查无所查，连去哪儿了都不知道。

面对竞争，奥鑫啤酒公司在检讨失利的同时，依然对前景充满信心。他们认为对手在淡季争得的市场份额，如果没有充足的产量作保障，肯定要跌下来；而且奥鑫啤酒公司的分销渠道并没有受到冲击。

截至2015年年末，奥鑫啤酒公司的投资回报率和资本成本率分别为22%和8%，预计销售增长率和可持续增长率分别为30%和16%，预计销售的高增长态势可以延续。

2016年以来，奥鑫啤酒公司决定大举进入外省二线城市，新建多家外省的子公司。奥鑫啤酒公司单纯追求快速增长，导致啤酒质量存在不少瑕疵，并经常延期交货。这促使公司销售回款急剧下滑、现金流紧张。公司在对外省急剧扩张中，组织结构结构设计存在严重问题，很多子公司失控，出现总公司对其年度财务预决算不知情、大额资金被挪用、重大违规担保、不经总公司批准随意处置主要资产等现象。

2016年以来公司年销售增长率大幅下降为35%，可持续增长率下降为15%，年资本回报率下降为5%，资本成本上升为13%。公司在2017年陷入了财务危机。

要求：

（1）运用SWOT分析法对奥鑫啤酒公司进行分析。

（2）简述市场营销组合的主要构成变量，并简要分析评价白云山啤酒公司的市场营销组合。

（3）简要分析2016年前奥鑫啤酒公司应采用何种总体战略及该战略的内涵。

（4）简要分析2016年前奥鑫啤酒公司应采用何种竞争战略，以及该战略的适用情形。

（5）结合《企业内部控制应用指引第1号——组织架构》，简述奥鑫啤酒公司解决子公司失控应采取的措施。

（6）简要分析2017年以来奥鑫啤酒公司应采用何种总体战略及该战略的可选择的类型。

2020年注册会计师全国统一考试《公司战略与风险管理》全真模拟试题（五）参考答案及解析

一、单项选择题

1. 答案：D

解析：可见性是指生产运营流程为客户所见的程度。许多服务都可被客户高度可见。生产运营流程的高可见性需要员工具备良好的沟通技巧和人际关系技巧。

2. 答案：A

解析：本题考查损失事件管理，企业除经营所需的资本之外，还需要额外的资本用于补偿风险造成的财务损失，这种损失事件管理方法为风险资本。

3. 答案：D

解析："红海战略"是采取常规的竞争方式与同行业中的企业展开针锋相对的竞争的战略；"蓝海战略"是指不局限于现有产业边界，而是极力打破这样的边界条件，通过提供创新产品和服务，开辟并占领新的市场空间的战略。

4. 答案：B

解析：市场占有率达50%以上，近年来家装市场进入低速增长阶段，属于低增长—强竞争地位的"现金牛"业务。该业务应采用收获战略，选项A不正确选项D不正确。其竞争者最好是市场营销型人物，选项B正确，选项C不正确。

5. 答案：A

解析：本题考核的是风险应对策略的类型。选项BC属于风险补偿；选项D属于风险控制；选项A属于风险转移。

6. 答案：C

解析：本题考核战略联盟。战略联盟是指两个或两个以上经营实体之间为了达到某种战略目的而建立的一种合作关系。合并或兼并就意味着战略联盟的结束。

7. 答案：D

解析：风险评估系图识别某一风险是否会对企业产生重大影响，并将此结论与风险发生的可能性联系起来，为确定企业风险的优先次序提供框架。本题中，对由人为操作和自然因素引起的各种风险对企业影响的大小和发生的可能性进行分析，为确定企业风险的优先顺序提供分析框架，属于风险评估系图法。

8. 答案：B

解析：本题考核密集型战略。在企业“产品—市场战略组合”中，现有产品和新的产品、现有的市场和新的市场有四种组合，其中，现有产品与新的市场构成的战略称为市场开发战略。甲企业原有的婴幼儿洗护用品没有经过改变，但市场由婴幼儿市场转向了成人这个新市场，正好符合这个战略的定义，因此正确答案为选项B。

9. 答案：A

解析：集中化战略是针对某一特定购买群体、产品细分市场或区域市场，采用成本领先或差异化以获取竞争优势的战略。采用集中化战略的企业，由于受自身资源和能力的限制，无法在整个产业实现成本领先或者差异化，故而将资源和能力集中于目标细分市场，实现成本领先或差异化。集中化战略一般是中小企业采用的战略。

10. 答案：B

解析：一部分消费者在购物过程中追求有新鲜感的产品多于其实际需要属于消费心理的影响。

11. 答案：B

解析：“云飞公司最初是一家电子商务企业，后来成长为业务涵盖网上商城、餐饮、酒店和物流的大型多元化公司”体现的是经营业务范围的调整，即公司宗旨的变化，选项B正确。

12. 答案：A

解析：价值链中的价值应该站在消费者角度来理解，因此选项A说法错误。

13. 答案：B

解析：风险转移是指企业通过合同将风险转移到第三方，企业对转移后的风险不再拥有所有权。转移风险不会降低其可能的严重程度，只是从一方转移到另一方。甲公司将应收款项出售给乙公司，实现了风险转移。

14. 答案：C

解析：政治环境因素包括执政党所持的态度和推行的基本政策（例如，产业政策、税收政策、进出口限制等），以及这些政策的连续性和稳定性。

15. 答案：C

解析：风险对冲是指采取各种手段，引入多个风险因素或承担多个风险，使得这些风险能够互相对冲，也就是使这些风险的影响互相抵消。常见的例子有资产组合使用、多种外币结算的使用和战略上的多种经营等。

16. 答案：A

解析：“对原有业务进行了较大调整，建立了多家商品销售实体店，线下线上业务协同开展”说明组织要素的变化较大；“这一变革得到企业固有文化的支持”说明潜在一致性较大，应采取以企业使命为基础，选项A正确。

17. 答案：C

解析：甲公司的库存时而过高时而过低，说明采购计划不合理，市场预测不准确，造成生产停滞或资源浪费，选项C正确。

18. 答案：C

解析：该企业发现东南亚某国电信产品市场处于起步期，决定将国内过剩产能转移至该国，该国际化战略属于寻求海外市场，因此，选项 C 正确。

19. 答案：A

解析：选项 B 错误，应急资本提供方并不承担特定事件发生的风险，不涉及风险的转移；选项 C 错误，损失融资分为预期损失融资和非预期损失融资，预期损失融资属于运营资本的范畴，而非预期损失融资属于风险资本的范畴；选项 D 错误，专业自保公司要承保其母公司的风险，但不可在保险市场开展业务。

20. 答案：A

解析："中科公司将业务转型为给 G 国印刷机的用户提供零配件和维修保养服务"体现了中科公司退出了印刷机制造商的领域，即为风险规避，选项正确。

21. 答案：B

解析：本题考核风险的概念。风险是一系列可能发生的结果，不能简单理解为最有可能的结果。由于风险的可能结果不是单一的，而是一系列的，所以理解和评估风险时，"范围"这个概念对应了众多的不确定性。

22. 答案：D

解析：选项 D"产品质量低劣，侵害消费者利益，可能导致企业巨额赔偿、形象受损"属于企业履行社会责任方面需关注的主要风险之一。

23. 答案：A

解析：A 选项"促进企业实现发展战略"属于我国《企业内部控制基本规范》的目标。考生应注意区分 COSO 内控框架与我国《基本规范》在内控目标和要素上的差异。

24. 答案：C

解析：重要性原则是指内部控制评价应当在全面评价的基础上，关注重要业务单位、重大业务事项和高风险领域。因此选项 C 正确。

二、多项选择题

1. 答案：ABD

解析：本题考核企业的核心能力。识别核心竞争力的方法包括：功能分析、资源分析和过程系统分析。

2. 答案：ABD

解析：美邦公司采用的是比率评价。比率评价的局限性：①可比信息的可获得性；②历史信息的使用；③比率不是一成不变的；④需要仔细解读；⑤被扭曲的结果；⑥鼓励短期行为；⑦忽略战略目标；⑧无法控制无预算责任的员工。选项 A、B、D 正确；比率可以用作目标，选项 C 错误。

3. 答案：ABD

解析：当企业在实施一个新战略时，组织的要素会发生重大的变化，又多与企业现有的文化很不一致，或受到现有文化的抵制，在这种情况下，企业首先要考察是否有必要推行这个新战略，如果没有必要，企业则需要考虑重新制订战略。反之，在企业外部环境发生重大变化，企业考虑到自身长远利益，必须实施不能迎合企业现有的文化的重大变革，企业则必须进行文化管理，使企业文化也作出相应重大的变化。为了处理这种重大的变革，企业需要从四个方面采取管理行动：一是企业的高层管理人员要痛下决心进行变革，并向全体员工讲明变革的意义；二是为了形成新的文化，企业要招聘或从内部提拔一批与新文化相符的人员；三是改变奖励结构，将奖励的重点放在具有新文化意识的事业部或个人的身上，促进企业文化的转变；四是设法让管理人员和员工明确新文化所需要的行为，形成一定的规范，保证新战略的顺利实施。

4. 答案：ACD

解析：根据并购方的身份类型，美福粮收购江华公司所属的并购类型属于产业资本并购，即非金融企业作为并购方，通过直接向江华公司股东购买股份的方式取得目标企业全部股权的行为。AP 收购美福粮 60% 的股份属于金融资本并购。金融资本并购一般是由投资银行或者非银行金融机构进行。而美福粮和江华都是粮食加工行业，所以属于横向并购。

5. 答案：ABC

解析：减少因公司扩张而遭遇到的国内政治压力不属于公司进行跨国经营的动机。

6. 答案：ABC

解析：分析市场风险，企业应广泛收集国内外企业忽视市场风险、缺乏应对措施导致企业蒙受损失的案例，并至少收集与本企业相关的以下重要信息：

①产品或服务的价格及供需变化；（选项 C）

②能源、原材料、配件等物资供应的充足性、稳定性和价格变化；（选项 B）

③主要客户、主要供应商的信用情况；

④税收政策和利率、汇率、股票价格指数的变化；（选项 A）

⑤潜在竞争者、竞争者及其主要产品、替代品情况。

7. 答案：AD

解析：企业生态系统中相互依赖的企业通常是跨产业合作的，形成一个像自然生态系统的商业生态系统，每家企业最终都会与整个企业生态系统共进化、共命运。该系统可能涉及包括竞争对手、客户、监管机构与媒体等对公司经营产生直接或间接影响的诸多因素。

8. 答案：ACD

解析：无形资源，是指企业长期积累的、没有实物形态的，甚至无法用货币精确度量的资源，通常包括品牌、商誉、技术、专利、商标、企业文化及组织经验等。所以，选项 ACD 正确。

9. 答案：ABD

解析：选项 C 说明甲公司还没有能力自行制造或提供供应商的产品或服务，不能作为支持其分析结果的论点。

10. 答案：ABC

解析：注册会计师可以单独进行内部控制审计，也可将内部控制审计与财务报表审计整合进行（整合审计）。选项 D 的说法不正确。

11. 答案：BC

解析：减损型现金剩余表明资源未得到充分利用，存在被收购的风险。减损型现金剩余的财务战略选择除了选项 B、C，还可以选择出售业务单元。

12. 答案：ABD

解析：巨能公司的客户购买量越大，巨能公司的讨价还价能力越弱。选项 C 错误。

13. 答案：ABD

解析：实行全面预算管理需关注的主要风险：

（1）不编制预算或预算不健全，可能导致企业经营缺乏约束或盲目经营。

（2）预算目标不合理、编制不科学，可能导致企业资源浪费或发展战略难以实现。

（3）预算缺乏刚性、执行不力、考核不严，可能导致预算管理流于形式。

选项C属于财务报告需关注的主要风险。

14. 答案：ACD

解析：选项A体现的是钻石模型中的需求条件因素；选项B体现的是宏观环境分析中的政治因素；选项C体现的是钻石模型中的生产要素；选项D体现的是企业战略、企业结构和同业竞争。

三、简答题

1. 答案：

（1）甲公司目前遭受的风险类型包括：

①外部风险：市场风险：包括汇率风险（公司产品60%出口，面料从意大利进口）和原材料价格风险（面料从意大利进口，意大利出现严重通货膨胀）。超市拖欠货款，意大利供货商供货时常中断属于信用风险。

②内部风险：财务风险：公司存在资金问题表明存在财务风险。

（2）甲公司为应对资金问题采取的措施为应急资本，其最简单的形式是公司为满足特定条件下的经营需要而从银行获得的信贷额度，一般通过与银行签订协议加以明确，比如信用证、循环信用工具等。

应急资本具有如下特点：

①作为应急资本的提供方，该银行并不承担特定事件发生的风险，而只是在事件发生并造成损失后提供用于弥补损失、持续经营的资金。事后甲公司要向该银行归还这部分资金，并支付相应的利息。

②应急资本是一个综合运用保险和资本市场技术设计和定价的产品。与保险不同，应急资本不涉及风险的转移，是企业风险补偿策略的一种方式。

③应急资本是一个在一定条件下的融资选择权，甲公司可以不使用这个权利。

④应急资本可以提供甲公司经营持续性的保证。

2. 答案：

（1）根据资料一，M公司采用的是差异化战略。因为差异化战略是指企业向顾客提供的产品和服务在产业范围内独具特色，这种特色可以给产品带来额外的加价。从一开始S品牌手表区别于其他传统钟表的特征就非常明显。虽然它采用塑料制作，但是它看起来非常睿智、时尚，有时候它的设计甚至采用玻璃碎片，还有鲜明的颜色。从来没有任何的手表品牌采用过那么大胆的色彩，带来如此不同的效果。S品牌手表有几十个产品系列可以供选择，在任何场合，任何情况都能找到适合的款式。（2分）

（2）蓝海战略总结的六种重建市场边界的基本法则，被称之为6条路径框架。分别是审视他择产业；跨越战略群体；重新界定产业的买方群体；放眼互补性产品或服务；重设客户的功能性或情感性诉求；跨越时间。（1分）

根据资料二，体现的重建市场边界的基本法则是重设客户的功能性或情感性诉求。因为“大胆出格的设计很好地向人们传达了S品牌手表的精神内涵”，该种品牌手表“时尚只是表面的，而一个具有感情的产品是带着精神内涵”，所以体现的是一种情感性诉求。而S品牌手表也是高品质、低价格的，这也可以体现出客户的功能性诉求。(2分)

(3) 目标市场选择战略包括无差异市场营销、差异市场营销和集中市场营销。(0.5分)

无差异市场营销是指企业在市场细分之后，不考虑各子市场的特性，而只注重子市场的共性，决定只推出单一产品，运用单一的市场营销组合，力求在一定程度上适合尽可能多的顾客的需求。(0.5分)

差异市场营销是指企业决定同时为几个子市场服务，设计不同的产品，并在渠道、促销和定价方面都加以相应的改变，以适应各个子市场需要。(0.5分)

集中市场营销是指企业集中所有力量，以一个或少数几个性质相似的子市场作为目标市场，试图在较少的子市场上占领较大的市场份额。(0.5分)

M公司针对不同的消费者，将市场分为低中高三层，针对每一层次的消费者设计制造不同的产品，属于差异市场营销。(1分)

3. 答案：

(1) ①前向一体化战略。“喜旺公司不断完善物流配送体系，将大量资金用于物流队伍、运输车队、仓储体系建设。到2011年，喜旺公司在全国各地建立7个一级物流中心和20多个二级物流中心，以及118个大型仓库。”“进一步整合物流配送资源和能力，2014年3月，喜旺公司并购迅风物流，喜旺公司与国有邮政公司达成战略合作；2016年5月，喜旺公司并购‘快快’，实现‘两小时极速达’的个性化增值服务”。动因：企业现有销售商的销售成本较高或者可靠性较差而难以满足企业的销售需要“喜旺公司早期与大多数电商样，采用第三方物流配送商品。随着商品年销售量的不断增加，第三方物流配送能力不足、每天若干单货物积压问题日益显著，严重影响服务质量和客户满意度”。

②后向一体化战略。“运用多种方式整合与完善商品采购与供给端。为了确保上游供给商品的质量与可靠性”。动因：企业现有的供应商供应成本较高或者可靠性较差而难以满足企业对原材料、零件等的需求。“为了确保上游供给商品的质量与可靠性”。

(2) ①内部发展（新建)：“喜旺公司决定自建物流体系，并于2007年投资2 000万元建立东速快递公司，专为喜旺商城提供物流服务，服务范围覆盖200多座城市，东速快递公司的成立，大大提高了喜旺商城全国配送商品的速度，为喜旺商城的用户带来良好的体验。”“2014年6月，喜旺公司投资智能体重体脂称P产品；2015年5月，喜旺公司投资7 000美元建立生鲜电商果园”。

②外部发展（并购)：“进一步整合物流配送资源和能力，2014年3月，喜旺公司并购迅风物流……2016年5月，喜旺公司并购快快实现‘两小时极速达’的个性化增值服务。”

③战略联盟。“喜旺公司与国有邮政公司达成战略合作”“喜旺公司与国内最大海洋牧场微岛公司达成合作协议”“喜旺公司与国信医药公司合作”。

(3) 动因：①促进技术创新。“喜旺公司可以与永芒超市共同提供O2O服务（即Online线上网店和Offline线下消费)，因此双方还有较大的潜在合作空间”。

②避免或减少竞争。“线上线下两大零售巨头原本是竞争对手”。

③实现资源互补。“永芒超市是国内超市中最好的生鲜品供应商，拥有业内最低的生鲜

品采购成本。永芒超市的店超过 350 家，但还不能覆盖全国……喜旺公司可以与永芒超市共同提供 O2O 服务（即 online 线上网店和 offline 线下消费），因此双方还有较大的潜在合作空间”。

4. 答案：

（1）实施成本领先战略的市场情况条件：

①产品具有较高的价格弹性，市场中存在大量的价格敏感用户；“消费者更多地关注产品价格，价格竞争开始成为市场竞争的主要手段。(0.5)”

②产业中所有企业的产品都是标准化的产品，产品难以实现差异化；“智能手机市场上国内中低端品牌与国际高端品牌的技术差距正在逐步缩小。(0.5)”

③购买者不太关注品牌，大多数购买者以同样的方式使用产品；“消费者更多地关注产品价格，价格竞争开始成为市场竞争的主要手段。(0.5)”

④价格竞争是市场竞争的主要手段，消费者的转换成本较低；“消费者更多地关注产品价格，价格竞争开始成为市场竞争的主要手段。(0.5)”

实施成本领先战略的资源能力条件：

①在规模经济显著的产业中装备相应的生产设备来实现规模经济；“实现规模经济，2011 ~2015 年智勤手机的销售量突飞猛进地增长，进而为智勤手机通过规模经济降低成本和价格奠定了基础。(0.5)”

②降低各种要素成本；“采用低价预订式抢购模式。”“开创了官网直销预订购买的发售方式，减少了昂贵的渠道成本，使智勤手机生产出来之后，不必通过中间商就可以到达消费者手中。”“为了既保证高性价比又不降低手机的产品质量，智勤公司为手机瘦身，把不需要的硬件去掉，把不需要的功能替换掉，简化框架结构设计，使用低成本的注塑材质工艺等。(0.5)”

③提高生产率；“将手机硬件的研发和制造外包给其他公司，提高了生产率，大大减少了智勤成立之初的资金压力。(0.25)”

④改进产品工艺设计；“为了既保证高性价比又不降低手机的产品质量，智勤公司为手机瘦身，把不需要的硬件去掉，把不需要的功能替换掉，简化框架结构设计，使用低成本的注塑材质工艺等。(0.25)”

⑤提高生产能力利用程度；“开创了官网直销预订购买的发售方式，减少了昂贵的渠道成本，使智勤手机生产出来之后，不必通过中间商就可以到达消费者手中。(0.25)”

⑥重点集聚。“智勤公司对消费者的年龄进行了细分，将目标市场消费者的年龄定位在 25 至 35 岁之间。(0.25)”

【提示】本题为历年考题。

【该题针对“基本竞争战略——成本领先战略”知识点进行考核】

（2）从确定目标市场方面：

①市场细分。智勤公司对消费者的年龄进行了细分，将目标市场消费者的年龄定位在 25 至 35 岁之间，这个阶段的年轻人相对经济独立，普遍处于事业的发展期，并且个性张扬，勇于尝试，对于新鲜事物的接受程度比其他年龄段的人更高。采用的市场细分变量是人口细分和心理细分。(0.5)

②目标市场选择。在营销推广方面，智勤公司没有使用传统的广告营销手段，而是根据

消费者的不同类型，分别在智勤官网、QQ空间、智勤论坛、微信平台等渠道进行智勤手机的出售和智勤品牌的推广。属于差异市场营销。(0.5)

③市场定位。为了适应目标顾客对价格敏感的特点，智勤手机以其“高性价比”走入大众视线。(0.5)

从设计营销组合方面：

①产品策略。智勤手机推出的是智勤品牌，采用的是单一名称的品牌和商标策略。(0.5)

②促销策略。在营销推广方面，智勤公司没有使用传统的广告营销手段，而是根据消费者的不同类型，分别在智勤官网、QQ空间、智勤论坛、微信平台等渠道进行智勤手机的出售和智勤品牌的推广，在很大程度上采用粉丝营销、口碑营销的方式，有效降低了推广费用。采用的是公关宣传。(1)

③分销策略。开创了官网直销预订购买的发售方式，减少了昂贵的渠道成本，使智勤手机生产出来之后，不必通过中间商就可以到达消费者手中。采用的是直接分销策略。(0.5)

④价格策略。智勤手机以其“高性价比”走入大众视线，采用的是渗透定价法。(0.5)

四、综合题

答案：(1) 运用SWOT分析法，对奥鑫啤酒公司进行分析：

①S（优势）：产品价格、市场占有率、品牌美誉度都比较高；

②W（劣势）：渠道链长，物流效率低，终端控制力低，渠道成员利润率低，渠道稳定性低；

③O（机会）：经济发展速度快、啤酒消费需求量越来越大，市场潜力大；

④T（威胁）：数家知名啤酒公司在A省周边省份并购了大中型啤酒企业，对A省市场形成了包围、渗透之势。

(2) 市场营销组合是企业市场营销战略的一个重要组成部分。市场营销组合中所包含的可控制的变量很多，可以概括为四个基本变量，即产品、促销、分销、价格。

白云山啤酒公司的市场营销组合评价：在竞争中急功近利，缺乏长远和全局考虑以及不能针对啤酒销售特点，忽视建立稳定的销售渠道是其主要弱点。

(3) 奥鑫啤酒公司应采用的总体战略是市场渗透战略。市场渗透战略的基础是增加现有产品或服务的市场份额，或增加正在现有市场中经营的业务。它的目标是通过各种方法来增加产品的使用频率。

(4) 奥鑫啤酒公司应采用的竞争战略是差异化战略。

差异化战略主要适用于以下情况：①产品能够充分地实现差异化，且为顾客所认可；②顾客的需求是多样化的；③企业所在产业技术变革较快，创新成为竞争的焦点。

(5) 措施包括：①对其子公司建立科学的投资管控制度，通过合法有效的形式履行出资人职责、维护出资人权益。②重点关注子公司特别是异地子公司的发展战略、年度财务预决算、重大投融资、重大担保、大额资金使用、主要资产处置、重要人事任免、内部控制体系建设等重要事项。

(6) 2011年以来奥鑫啤酒公司应采用收缩战略。

收缩战略，也称为撤退战略，是在那些没有发展或者发展潜力很渺茫的企业应该采取的战略。

收缩战略的方式：

紧缩与集中战略。紧缩与集中战略往往集中于短期效益，主要涉及采取补救措施制止利润下滑，以期立即产生效果。具体做法有：①机制变革。②调整财务战略。③削减成本战略。

转向战略。转向战略更多地涉及企业的整个经营努力地改变。具体做法有：①重新定位或调整现有的产品和服务；②调整营销策略，在价格、广告、渠道等环节推出新的举措。

放弃战略。放弃战略涉及企业（或子公司）产权的变更，与前面两种战略相比，是比较彻底的撤退方式。

2020年注册会计师全国统一考试
《公司战略与风险管理》全真模拟试题（六）

一、单项选择题（本题型共24题，每题1分，共24分。每题只有一个正确答案，请从每题的备选答案中选出一个你认为正确的答案）

1. 委托代理问题产生的原因不包括（　　）。

A. 代理成本　　B. 董事管理层的制度安排

C. 委托人与代理人之间的利益冲突　　D. 委托人与代理人之间的信息不对称

2. 西江公司是一家拥有100多年历史的医药公司，其使用国家级保密配方配制的某种药品，从20世纪初推出以来，疗效显著，一直深受患者欢迎。西江公司拥有的具有不可模仿性的资源属于（　　）。

A. 物理上独特的资源　　B. 具有因果含糊性的资源

C. 具有路径依赖性的资源　　D. 具有经济制约性的资源

3. 国内著名商业零售企业东海公司与主营大数据业务的高胜公司签订战略合作协议，商定由东海公司免费向高胜公司开放相关数据收集平台，高胜公司则无偿为东海公司提供数据分析及应用方案。下列各项中，属于上述两个公司结成的战略联盟的特点是（　　）。

A. 企业对联盟的控制力较强　　B. 更具有战略联盟的本质特征

C. 有利于企业长久合作　　D. 有利于扩大企业资金实力

4. 2008年美国次贷危机爆发，波及中国大部分金融企业。在此期间，国外投行K预计其竞争对手中国的甲银行将会逐步降低权益类投资，并逐渐降低对客户的理财产品的收益率。投行K对甲银行进行的上述分析属于（　　）。

A. 财务能力分析　　B. 快速反应能力分析

C. 成长能力分析　　D. 适应变化的能力分析

5. 以下各项不属于公司治理应遵循的基本原则的是（　　）。

A. 确认利益相关者的合法权益　　B. 奠定管理和监督的坚实基础

C. 促进道德和负责任的决策　　D. 必须建立内部审计部门

6. 在价值创造/增长率矩阵中，处于不同象限的业务单位（或企业）应当选择不同的财务战略，下列说法不正确的是（　　）。

A. 如果属于增值型现金短缺（即处于第一象限），并且高速增长是暂时的，企业应通

过借款筹集所需资金

B. 如果属于增值型现金剩余（即处于第二象限），则首选的战略是利用剩余现金加速增长

C. 如果属于减损型现金剩余（即处于第三象限），则首选的战略是提高投资资本回报率

D. 如果属于减损型现金短缺（即处于第四象限），则应该通过扩大销售解决问题

7. 甲公司是一家国际化经营的企业，其在全球多个国家设有销售机构，公司的产品由总部统一研发，而各地区的分支机构仅负责营销。甲公司采用的国际化经营战略类型是（　　）。

A. 国际战略　　B. 全球化战略　　C. 多国本土化战略　　D. 跨国战略

8. 甲燃气公司负责某市的民用天然气供给业务。近年来该市的民用天然气需求量比较稳定，甲燃气公司主要通过向银行贷款取得更新设备所需的资金。该公司财务风险与经营风险的搭配属于（　　）。

A. 高经营风险与低财务风险　　B. 高经营风险与高财务风险

C. 低经营风险与高财务风险　　D. 低经营风险与低财务风险

9. 甲公司在 2017 年完成发行上市后的首次定增，以每股 1 元的价格向两名控股股东发行 5 000 万股。当时该公司股价为每股 5 元。甲公司披露的 2017 年报显示，当年有净利润 1. 2 亿元，市盈率为 2. 8 倍。从终极股东对于中小股东的“隧道挖掘”问题角度看，甲公司的上述作法属于掠夺性财务活动中的（　　）。

A. 内幕交易　　B. 掠夺性融资　　C. 直接占用资源　　D. 超额股利

10. 汽车行业的出现，改变了很多人的出行方式，使得社会的生活节奏大大加快，从企业外部环境考虑，这体现了（　　）。

A. 经济环境因素　　B. 政治和法律环境因素

C. 技术环境因素　　D. 社会和文化环境因素

11. 盛行的多元化理论的主要内容是，当企业（　　）时它们适合进行多元化。

A. 有过剩的资源、能力和核心竞争力，并适应于多种用途

B. 在其行业中有市场影响力并且是市场的领导者

C. 可以控制战略性和战术性行动

D. 是市场跟随者，有安稳的市场地位

12. 专为商业零售企业提供管理咨询服务的智信公司于 2015 年预测中国的实体百货零售业已进入衰退期。该公司作出上述预测的依据应是（　　）。

A. 实体百货零售业投资额增长率曲线的拐点

B. 实体百货零售业利润额增长率曲线的拐点

C. 实体百货零售业工资额增长率曲线的拐点

D. 实体百货零售业销售额增长率曲线的拐点

13. 甲公司为了使自身的组织架构更加科学、合理，专门聘请了专业的咨询公司进行咨询，咨询公司在对企业进行调查分析的过程中发现下列问题，下列不符合组织架构规范的是（　　）。

A. 企业的决策制定与审批分别由不同的人员担任

B. 企业制定了专门的业务流程图，规范各个流程的业务流程

C. 公司的大额资金使用均由企业的董事长审批

D. 企业的生产经营管理工作由经理层主持

14. 龙华会计师事务所系经主管部门批准成立的我国最早的合伙制会计师事务所。今年该所与国内的另一会计师事务所进行了合并。龙华事务所的合并战略属于（　　）。

A. 横向一体化战略　　B. 集中化战略

C. 市场渗透战略　　D. 纵向一体化战略

15. 七彩公司以"文化娱乐性"和"观光游览性"为两维坐标，将旅游业分为不同的战略群组，并将"文化娱乐性高、观光游览性低"的文艺演出与"文化娱乐性低、观光游览性高"的实景旅游两类功能结合起来，率先创建了"人物山水"旅游项目，它将震撼的文艺演出置于秀丽山水之中，让观众在观赏歌舞演出的同时将身心融于自然。七彩公司采用战略群组分析的主要思路是（　　）。

A. 了解战略群组间的竞争状况

B. 了解战略群组间的"移动障碍"

C. 预测市场变化或发现战略机会

D. 了解战略群组内企业竞争的主要着眼点

16. 在日本，人们的寿命较长，而出生率下降，从而导致人口老龄化，对企业或企业计划提供的产品或服务类型产生显著影响，这体现了社会和文化环境因素中的（　　）。

A. 文化传统　　B. 人口因素　　C. 生活方式变化　　D. 社会流动性

17. 哈佛商学院教授大卫·亚非在波特教授五种竞争力分析研究的基础上，提出了第六个要素，即互动互补作用力。下列各项中，属于该要素的行为是（　　）。

A. 甲白酒生产企业控制着本地销售网络，其他企业难以在该地立足

B. 乙服装企业通过强势的广告宣传推销自己的产品

C. 丙餐饮企业为降低原材料采购成本，投资建设了自己的蔬菜种植基地

D. 丁房地产企业依靠周边完善的配套设施创造销售佳绩

18. 甲公司是一家超市连锁企业，由于前几年的努力，现在处于迅速发展阶段。公司战略委员会在制定公司的发展战略时提出，企业应当向多元化发展，进一步增加企业的发展途径，扩大企业的规模，于是盲目进军房地产业。最终企业不但没有迅猛发展，超市的业绩也受到一定影响。该企业制定与实施发展战略中应该关注的主要风险是（　　）。

A. 缺乏明确的发展战略

B. 发展战略过于激进，脱离企业实际能力或偏离主业

C. 发展战略实施不到位

D. 发展战略因主观原因频繁变动

19. 在国家相关政策的鼓励和地方政府的大力支持下，我国新型煤化工产业正处于快速发展期。该产业中的甲公司对其竞争对手乙公司分析后发现，乙公司拥有大量的自由现金储备，厂房设备生产能力充足，且拥有数款已研发定型但尚未推出的新产品。甲公司对乙公司的上述分析属于（　　）。

A. 适应变化能力分析　　B. 核心能力分析

C. 快速反应能力分析　　D. 成长能力分析

20. 甲公司是一家多元化经营的企业，业务领域涉及图书出版、互联网金融、饮用水、

房地产等。公司战略管理部门在对互联网金融板块进行分析时，发现该产业理财产品销售额迅速增长，产业中时常出现兼并等意外事件。对此甲公司战略管理部门应选择的主要战略路径为（　　）。

A. 市场营销　　B. 加大研发和技术改进投资

C. 控制成本　　D. 提高效率和降低成本

21. 从事苹果种植与销售的秋实公司于 2017 年率先采取了一种新的经营方式，在种植区内增设了园林景观、运动场、游戏场等，到秋收季节，顾客可前来付费进行休闲娱乐等活动，同时能以市场最低的价格采摘和购买苹果。顾客采摘和购买的苹果达到一定数量，可免费参加休闲娱乐活动。这一经营方式受到市场的热捧。秋实公司采用的上述战略属于（　　）。

A. 成本领先战略　　B. 差异化战略　　C. 集中化战略　　D. 混合战略

22. 下列关于审计委员会的表述中，错误的是（　　）。

A. 一般情况下，审计委员会负责整个风险管理过程，包括确保内部控制系统是充分且有效的

B. 审计委员会是董事会下设的委员会，全部由独立、非行政董事组成

C. 审计委员会成员之间的不同意见如无法内部调解，应提请董事长解决

D. 董事会关于内部控制的主要目标会授权给审计委员会负责

23. 关于《企业内部控制应用指引第 2 号——发展战略》的内部控制要求与措施的说法中，正确的是（　　）。

A. 企业应当在总经理下设立战略委员会

B. 企业的发展战略方案经战略委员会审议

C. 发展战略方案审议通过后，报经股东（大）会批准实施

D. 发展战略的调整可以直接由战略委员会来调整完成

24. 下列各项关于内部控制缺陷的说法中，错误的是（　　）。

A. 一般缺陷可以与企业管理层报告，并视情况考虑是否向董事会、监事会汇报

B. 重大缺陷应当由董事会予以最终认定

C. 重要缺陷影响企业内部控制的整体有效性，应当引起董事会和管理层的重视

D. 按照内部控制本质上的不同，可将内部控制缺陷分为设计缺陷和运行缺陷

二、多项选择题（本题型共 14 题，每题 1.5 分，共 21 分。每题均有多个正确答案，请从每题的备选答案中选出你认为正确的所有答案。每题所有答案选择正确的得分；不答、错答、漏答均不得分）

1. 理发业由很多中小企业组成，其中没有任何一个企业占有显著的市场份额或对整个产业的发展产业重大影响。造成理发业上述状况的原因有（　　）。

A. 理发业的经营成本变化迅速

B. 理发业进入障碍低

C. 理发市场需求多样导致高度产品差异化

D. 理发业难以达到规模经济

2. 某公司管理层希望在上海投资，决策前希望了解此项计划获得上海政府批准的可能

性及其对公司未来现金流量的影响。该公司管理层同时也考虑了将生产总部迁往香港地区的可能性，以及与上海方案相比的风险和回报。在整个分析中，该公司管理层可用的分析工具有（　　）。

A. 情景设计　B. 决策树　C. 波士顿矩阵　D. 平衡计分卡

3. 甲公司是一家电动摩托车制造商，长期从一家电机公司购买发动机，下列各项中，属于甲公司货源策略优点的是（　　）。

A. 便于信息的保密

B. 能产生规模经济

C. 随着与供应商关系的加强，更可能获得价格上的优惠

D. 能与供应商建立较为稳固的关系

4. 传统型制造企业方达公司正在实施全方位战略变革。为克服变革阻力，公司高层循序渐进推进变革，时刻关注员工的心理变化，认真听取员工的意见和建议，并组织员工学习新技能，鼓励员工积极参与变革。方达公司克服变革阻力的主要策略有（　　）。

A. 调整变革范围　B. 采取适宜的变革节奏

C. 调整变革的任务　D. 采取适宜的变革管理方式

5. 某个企业想制定一个最佳的采购组合，需要从以下（　　）领域入手。

A. 质量　B. 数量　C. 价格　D. 交货

6. 下列关于产业成功关键因素的说法中，正确的有（　　）。

A. 随着产品生命周期的演变，成功关键因素也发生变化

B. 成功关键因素随着产业的不同而不同

C. 同一产业中的各个企业，也可能对该产业的成功关键因素有不同的侧重

D. 成功关键因素属于企业层次的特征

7. 近几年 VR（虚拟现实）产品的销售量节节攀升，顾客群逐渐扩大；不同企业的产品在技术和性能方面有较大差异；消费者对产品质量的要求不高。从市场角度看，现阶段 VR 行业的成功关键因素有（　　）。

A. 保护现有市场　B. 建立商标信誉

C. 开拓新销售渠道　D. 改善企业形象

8. 甲公司按照国家相关部门要求，开始建设自身的内部控制体系。该公司在编制相关制度和程序的同时，决定下大力气改善企业的内控基础设施，重视企业内部环境的建设和改善。根据以上信息可以判断，下列各项中，该公司应注意的内部环境因素包括（　　）。

A. 内部机构设置　B. 反舞弊机制　C. 人力资源政策　D. 法制环境

9. 对于一个汽车企业来讲，以下哪些因素代表的是该企业的机会（　　）。

A. 消费者收入提高　B. 石油价格持续上升

C. 铁矿石价格走低　D. 城市拥堵情况日益严重

10. 在下列选项中，属于市场风险的有（　　）。

A. 作业风险　B. 利率风险

C. 资产/负债不匹配风险　D. 商品风险

11. 某火锅店近年来盈利一直非常好，为了达到下年预期的盈利水平，该火锅店进行了一项研究来辨别核心竞争力，由于该店位于大学附近，价格合理，很受大学生的喜爱，而该

店的各项原材料中蔬菜和肉类都是由供应商提供，但是供应商不是确定的，唯独火锅的调料是本店自己调制的，于是该店购买了市场上的一些调料和本店的调料一起供消费者享用，发现消费者大多选择本店自制的调料，通过该资料，可以知道，该店主要进行的分析包括（　　）。

A. 市场分析　　B. 过程系统分析　　C. 功能分析　　D. 资源分析

12. 新年前夕，某出版商推出反映不同民族生活习俗特点的系列年画，深受目标市场的消费者喜爱。该出版商进行市场细分的依据有（　　）。

A. 人口细分　　B. 地理细分　　C. 心理细分　　D. 行为细分

13. 某大型中央直属企业为加强全面风险管理，对自身的风险管理组织体系进行分析，以下不符合风险管理组织体系规定的有（　　）。

A. 风险管理委员会负责研究提出全面风险管理监督评价体系

B. 公司董事会中，外部董事、独立董事人数应超过总人数的 1/3，以保证董事会在重大风险管理等方面工作的独立性

C. 企业总经理对全面风险管理工作的有效性向董事会负责，董事会向股东大会负责

D. 内部审计部门负责研究提出全面风险管理工作报告，并提交全面风险管理年度报告

14. 下列关于我国《企业内部控制基本规范》关于内部监督要素要求的说法中，正确的有（　　）。

A. 企业应当跟踪内部控制缺陷整改情况，并就内部监督中发现的重大缺陷，追究相关责任单位或者责任人的责任

B. 企业应当结合内部监督情况，定期对内部控制的有效性进行自我评价，出具内部控制自我评价报告

C. 企业应当建立反舞弊机制，坚持惩防并举、重在预防的原则，明确反舞弊工作的重点领域、关键环节和有关机构在反舞弊工作中的职责权限，规范舞弊案件的举报、调查、处理、报告和补救程序

D. 企业应当以书面或者其他适当的形式，妥善保存内部控制建立与实施过程中的相关记录或者资料，确保内部控制建立与实施过程的可验证性

三、简答题（本题型共 4 小题 30 分。其中一道小题可以选用中文或英文解答，请仔细阅读答题要求。如果用英文解答，须全部使用英文，答题正确的，增加 5 分。本题型最高得分为 35 分。在答题卷上解答，答在试题卷上无效）

1.（本小题 6 分，可以选用中文或英文解答，如使用英文解答，须全部使用英文，答题正确的，增加 5 分，最高得分为 11 分）

手机已经成为每个人生活中必不可少的一部分，随着技术的发展，无论是从造型还是功能上都发生了翻天覆地的变化，市场上各种国产手机也如雨后春笋般层出不穷。M 公司成立于 2010 年，开启了国产手机的粮食时代，该公司的目标是“使手机取代电脑，做顶级智能手机”。

目前国家大力扶持电信产业的发展，电信终端也得以飞速发展。十七大以来，我国政府越来越重视发展、扶持民营经济，鼓励大胆创新，提高经济附加值，为移动互联网的发展壮大提供了政策支持。

2013 年我国全年国内生产总值 568 845 亿元，比上年增长 7.7%，总体上稳中向好。国家统计局最新发布的《2013 年国民经济和社会发展统计公报》显示，2013 年全年农村居民人均纯收入 8 896 元，比上年增长 12.4%；城镇居民人均可支配收入 26 955 元，比上年增长 9.7%。

M 公司的手机生产基地在富士康，其使用者呈现出区域特点，有将近 1/3 的使用者都在北京地区，而在广州和深圳等南方城市则比较少。随着中国居民人均可支配收入的不断增加，人们消费追求更加时尚、简约实用、性价比高的手机，而 M 公司恰巧迎合了这些需求。

手机行业整体发展迅猛，液晶电容和电阻屏屏幕制造技术逐渐成熟，带来了可视角度和显示像素的视觉体验极佳的手机屏幕，Android 系统的完美操作性给大屏幕的触摸屏游戏的开发带来了极大的支持、方便。

（1）列举宏观环境的四个因素。

（2）运用 PEST 分析中的四个关键要素，分析 M 公司所面临的宏观环境。

2.（本小题 8 分）

B 公司是一家上市公司，C 公司是 B 公司的大股东之一，B 公司总经理同时兼任 C 公司董事。2015 年 C 公司要求 B 公司提供 500 万元的担保。该业务部分内容如下：

（1）B 公司总经理认为 C 公司风险较小，因此签字同意，并上报董事会批准。

（2）B 公司董事会要求 C 公司以房地产和土地使用权作为反担保，C 公司同意了 B 公司的要求，双方就此达成一致意见。

（3）双方达成担保意向后，由担保经办部门负责拟定和审核担保合同。

（4）B 公司在担保合同中明确要求 C 公司定期提供财务报告与有关资料，并及时报告担保事项的实施情况。

（5）B 公司指定内审部门定期监测被担保人的经营情况和财务状况，对被担保人进行跟踪和监督。

（6）由于房地产市场低迷，作为抵押物担保的房地产的价格下跌了 50%，而且 C 公司经营状况恶化，资金周转困难，但 B 公司担保经办部门并未及时发现，也未及时管理。

依据《企业内部控制应用指引第 12 号——担保业务》，指出 B 公司在上述担保业务开展过程中是否存在不足之处，如果存在不足之处，简要说明理由。

3. 起航公司是一家酒类生产企业，在市场调查和分析后，管理层决定开发一种新的产品来提升公司业绩。公司具体的产品战略是：针对现有的女性饮酒人群，推出一款适合高级女性白领人士的高端红酒。产品最初推向市场的时候，为使自己的产品获得稳定的销路，给消费者留下美好的印象，起航公司着力培养产品的督导特色，取得了较好的效果。但不曾预料到的是，近几年，由于社会普遍宣传饮酒的危害，同时相关部门关于醉酒驾车的刑罚加重以及对酒驾的社会谴责的舆论呼声高涨，越来越多的女性消费者纷纷开始戒酒，导致该种新型酒品销量下滑。针对这一情况，该公司决定改变策略，将该产品推向饮酒者数量颇多且稳定的邻国。公司在开拓国外市场的同时，没有忽略自身管理的改革和完善，根据国家颁布的《企业内部控制规范》和《企业内部控制配套指引》，制定了系统完善的内部控制制度，经过半年的部署和试运行已经取得了较好的效果，为了全面掌握企业内控制度的运行情况，公司决定成立一个专门机构来评价内部控制的实施和效果，以便为进一步完善内控作准备。

根据以上资料及有关理论，回答下列问题：

（1）分析起航公司在本国市场上的战略失效属于什么类型。

（2）分析起航公司要成立专门机构负责内部控制评价组织的实施工作，该机构应具备什么条件。

4.（本小题 8 分）

海浪水泥公司成立于 1997 年，主要从事水泥及其熟料的生产和销售，2002 年 2 月成功上市。

海浪水泥总部坐落于 A 省。A 省是全国水泥生产主要原材料石灰石储量第二大的省份，且石灰石质量较高。海浪水泥凭借先天条件坐拥原材料成本和质量优势。

水泥产品体积大、单位重量价值低，而且其资源点和消费点的空间不匹配，这些是造成水泥行业运输成本居高不下的主要原因。海浪水泥利用自身位居长江附近的地理位置优势，积极推行其他水泥企业难以复制的“T 型”战略布局：在拥有丰富石灰石资源的区域建立大规模生产的熟料基地，利用长江的低成本水运物流，在长江沿岸拥有大容量水泥消费的城市群建立粉磨厂，形成“竖端”熟料基地 + 长江水运、“横端”粉磨厂 深入江、浙、沪等地市场的“T 型”生产和物流格局，改变了之前通过“中小规模水泥工厂 + 公路运输 + 工地”的生产物流模式，解决了长江沿岸城市石灰石短缺与当地水泥消耗量大之间的矛盾。

海浪水泥不断完善“T 型”战略布局，率先在国内新型干法水泥生产线低投资、国产化的研发方面取得突破性进展，这标志着中国水泥制造业的技术水平跨入世界先进行列，确保公司为市场提供规模可观的低价高质产品；公司在沿江、沿海建造了多个万吨级装卸水泥和熟料的专用码头，着力建设或租赁中转库等水路上岸通道；集团设立了物流公司和物流调试中心；公司强化对终端销售市场的开拓，推行中心城市一体化销售模式，在各区域市场建立贸易平台；公司物流实现了工业化和信息化的深度融合，以 GPS 和 GIS 为核心的物流调度信息系统实现了一体化、可视化的管理。通过“T 型”战略的实施，海浪水泥进一步巩固了其“资源—生产—物流—市场”的产业链优势。

2018 年海浪水泥年报显示：公司营业收入同比大幅增长 70.50%，净利润同步增长 88.05%，净利润增长幅度超过营业收入增长幅度。

要求：

（1）从企业资源角度，简要分析海浪水泥的竞争优势；分析海浪水泥资源“不可模仿性”的主要形式。

（2）简要分析海浪水泥企业力。

四、综合题（本题型共 1 题，25 分。在答题卷上解答，答在试题卷上无效）

资料一

1984 年，国内最大的汽车零部件供应商万欣公司与 U 国 L 公司签订了每年贴牌生产 20 万套万向节的合作协议，开展代工生产 OEM 业务。1994 年，万欣 U 国公司在 U 国注册成立，万欣公司正式进入 U 国汽车零部件市场。

虽然有为 U 国客户代工生产的经历，但是作为中国第一个走进 U 国的汽车零部件企业，万欣 U 国公司来自新兴市场的低端形象很难得到 U 国企业和消费者的认同。万欣 U 国公司在注册时就被当地同行奚落“你们还不如养马有前途”，公司向 U 国企业出售经检验没问题的油脂时却以质量不合格为由屡遭退货；公司向客户提供自己擅长的低价供货方案，客户根本不买账；公司尝试向U国K公司推销产品时，业务员连门都进不去，只能在传达室谈业务。

公司初次收购U国当地企业并调整员工假期遭到工会强烈反对，工会声称“即使倒闭也不会让中国企业兼并”。接踵而来的歧视和挫败让万欣U国公司意识到自己不能凭借母公司在国内资源能力的优势获得认可，要在U国生存必须适应U国规则，并彻底融入U国的经济和社会文化体系。

万欣U国公司将“瞄着U国主流社会”的本地化改造作为首要任务，不再沿用母国总部的管理理念和方法。万欣U国公司聘请U国人为首席运营官和首席财务官，在内部建立起一套符合U国国情的运营体系，重新设计了一整套规范的工作程序。在用人方面，万欣U国公司打破从国内大量派人的老框框，从当地招聘人才，按当地标准付薪。这一系列本地化举措使万欣U国公司弱化了中国企业的形象，满足了U国市场对一家普通汽车零部件企业的基本期望。此外，万欣U国公司在与客户交往中的表现也步步获得认可，例如在市场出现波动时，一家积压了大量库存的客户向万欣U国公司求助，尽管当时公司自身经营也有困难，但还是立即收回了库存并换新货给客户。后来这家客户主动搭桥，使一家知名企业成为万欣U国公司的大客户。

万欣U国公司在U国逐步立稳脚跟后，开始收购些品牌价值高但经营不善的公司。1999年万欣U国公司收购L公司，这笔收购使它取代L公司成为世界上拥有最多万向节专利的公司。2000年万欣U国公司收购T公司，从而成为U国最大的汽车轮毂加工装配基地和供应商。2001年万欣U国公司又收购U国零售商A公司，获得了A公司的汽车制动器技术与品牌、U国连锁维修店和采购渠道。万欣U国公司非常注重规避跨国并购可能带来的风险，例如在收购L公司时，为了绕开工会的制约，万欣U国公司联手当地企业一起收购；在收购T公司时，万欣U国公司不仅没有解雇富余员工，还扩建厂房并招收新员工，帮助T公司渡过难关。

万欣U国公司在与当地客户的积极互动中彰显自己的信誉和能力，让外界逐渐了解并默许这家零部件企业的发展壮大。

资料二

2003年万欣U国公司正式成为主机厂的一级供应商，同年收购K公司，该公司是翼型万向节传动轴的发明者和全球最大的一级供应商；2005年万欣U国公司收购U国F汽车公司的一级供应商S公司和轴承企业G公司。一系列成功的收购进一步为万欣U国公司的信誉和形象加码。

2008年全球金融危机爆发，汽车产业是受影响最大的产业之一，U国三大汽车公司都陷入困境。原本现金流耐受力就较差的国企业在危机冲击下纷纷倒下，众多供应商走向破产。

而谨慎的资金管控措施让万欣U国公司在金融危机中保持良好的经营状况。此前万欣U国公司成功地帮助些危机企业扭转局面在业内积累了不错的声誉，危机爆发后很多企业主动找到万欣U国公司希望能够被其收购。万欣U国公司曾经在竞购H公司时败于一家私募基金公司，而在金融危机的冲击下这家基金公司被迫清盘，H公司的管理层主动沟通希望被万欣U国公司收购。

金融危机中万欣U国公司找到了进步发展的突破口，万欣U国公司意识到金融危机前公司要尽可能适应和服从外部环境的要求，危机后公司则应当发挥自身优势，朝更有利的方向施加影响。

万欣U国公司运用自身和总部独有的优势整合内外部资源，帮助很多危机中的U国企业渡过难关，并做出“即使公司有困难，仍然保证不裁员、不减薪、三不减福利”的承诺。

DR公司是一家汽车电子感应器公司，在金融危机中不得不出售。出售前公司所有者联系了万欣U国公司收购过的公司，了解到这些公司被收购后得到万欣U国公司及其总部很好的资源整合，因此拒绝另外4家竞标收购者而决定出售给万欣U国公司。2007年U国AI公司被万欣U国公司并购后其大股东评价“万欣的并购会让现代化的U国汽车工业企业变得更加赚钱”。

2008年U国F汽车公司旗下的M工厂因严重亏损被迫剥离。万欣U国公司收购M工厂后对其生产经营方式进行全面改造。在并购H公司后停掉了该公司的一些生产线，将设备运到万欣公司中国公司进行生产，H公司主要负责组装，技术开发、测试、售后服务和物流，以发挥各自优势。在收购U国T－D公司后，万欣U国公司通过对T－D公司和中国总部进行优势和资源的对接，把等速驱动轴打造为继万向节之后又一个世界老大产品。2009年万欣U国公司收购U国DS汽车转向轴业务后，为十分不景气的U国汽车业挽救约150个工作岗位。一系列的并购及其之后的资源整合，不仅拯救了被并购公司，也让他们认识到万欣公司的强大实力与中国国内完备的产业配套能力。

同时，万欣U国公司收购一级供应商，通过财务支持帮助它们渡过难关，为3 500位U国人保住了工作，也让万欣U国公司生产的零部件得以在U国三分之一的汽车上使用。

资料三

新能源汽车的问世对传统汽车制造业带来严峻的挑战。在全球环境保护的压力下，万欣公司也开始向新能源汽车领域挺进。但是由于起步晚、缺少高端技术研发人员和销售人员，万欣公司的电动车零部件核心技术远远落后于国内外的领先企业，也缺少整合供应链的资源和能力，更没有早期进入者所具有的经验曲线等成本优势。为了克服公司进入新能源汽车领域的诸多障碍，2012年底，万欣U国公司协助集团总部参与竞购深陷破产危机的U国AB公司。

AB公司是U国一家研制和生产锂离子能量存储设备的厂商，曾被U国政府和市场寄予厚望。竞购期间U国诸多政府官员与行业专家强烈反对将AB公司卖给万欣公司，他们认为AB公司是U国重点企业且部分业务和军方有直接关联，被万欣公司收购会威胁U国国家安全。为了减少万欣公司在U国受到的政治压力，万欣公司向国内备案以获得国家的背书，增加谈判筹码；万欣公司始终承诺整体收购，并维持其2 000多名员工的工作岗位，这与其他8个竞标者只对AB公司的部分业务感兴趣不同，更关键的是，万欣公司只收购AB公司的民用业务，绝对避开涉及军方的业务。万欣公司的收购方案展现了愿意承担社会责任的企业形象，得到了AB公司首席执行官的高度认可，妥善化解了来自外界的压力。

对AB公司的收购完成之后，万欣U国公司代替总部开始直接接管万欣公司在U国的新能源汽车业务。2013年公司聘请U国人R先生管理AB公司，要求他在不影响研发的前提下不断削减开支。R先生削减医疗福利，取消了免费食物和卡布奇诺咖啡机等待遇。在甩债务、拓业务、削福利这三板斧之后，AB公司终于扭转了亏损，开始步入正轨。之后，万欣公司继续向AB公司提供培养核心业务必要的财务支持，推动AB公司进入汽车电动化、电网储能及其他全球性市场，包括进入中国市场。

2013 年 10 月万欣公司将其所有的电池制造业务交给 AB 公司承担，这成为双方建立互信的重要里程碑。万欣公司还开放了 AB 公司的实验室并建立“AB 创业技术项目”，与 20 多家电池公司开展联合研发。万欣公司通过收购 AB 公司获得了世界顶尖的电池技术，与全球主流客户建立了业务联系，在新能源电池领域也更具号召力。

2014 年初，经过多轮角逐，U 国批准了万欣 U 国公司对 FS 电动汽车公司的收购，标志着万欣公司全面进入新能源汽车整车制造产业。在收购 FS 公司期间，万欣 U 国公司同样遭到非议，被指责“偷窃 U 国技术”。然而 FS 公司所在州州长和议员对万欣 U 国公司表示支持：“万欣 U 国公司在 U 国 20 多年，形象一直比较靠谱”。并购后，万欣 U 国公司履行承诺，将 FS 公司的工厂从欧洲 F 国搬回 U 国，复产后创造了 300 多个工作岗位。

2015 年 11 月，FS 公司宣布与 D 国 BM 公司结成重要合作伙伴关系，万欣 U 国公司认为这一合作不仅将技术和资本绑在一起，而且将名誉与品牌绑在一起。万欣 U 国公司又一次向 U 国新能源市场展现自身实力，也让评价者认可其在新业务中的行为和战略。

要求：

（1）简要分析万欣 U 国公司成立之初所面对的社会文化风险。

（2）简要分析万欣公司国际化经营进入 U 国市场的主要动因。

（3）简要分析万欣 U 国公司在 U 国采用并购战略的动机与所规避的主要风险。

（4）依据新兴市场的企业战略，简要分析万欣 U 国公司协同总部是如何在 U 国实施“抗衡者”战略的。

（5）依据企业资源能力的价值链分析理论，简要分析金融危机后，万欣 U 国公司协同总部是如何整合资源能力，重新构筑被并购企业的竞争优势的。

（6）简要分析万欣公司进入新能源汽车新兴产业所面对的早期进入障碍。

（7）依据《企业内部控制应用指南第 4 号——社会责任》，简要分析万欣公司与万欣 U 国公司进入新能源汽车领域是如何规避履行社会责任风险的。

2020年注册会计师全国统一考试《公司战略与风险管理》全真模拟试题（六）参考答案及解析

一、单项选择题

1. 答案：B

解析：委托代理问题产生的原因主要有三个：一是委托人与代理人之间的利益冲突，二是委托人与代理人之间的信息不对称，三是代理成本问题。

2. 答案：A

解析：具体考核的是资源的不可模仿性，物理上独特的资源。有些资源的不可模仿性是物质本身的特性所决定的。例如，企业所拥有的房地产处于极佳的地理位置，拥有矿物开采权或是拥有被法律保护的专利生产技术等。这些资源都有它的物理上的特殊性，是不可能被模仿的。本题属于拥有法律保护的专利生产技术，所以属于物理上独特的资源。

3. 答案：B

解析："国内零售企业海川公司与主营大数据业务的出云公司签订战略合作协议"说明该合作形式为契约式战略联盟。选项B正确，选项A、C、D属于股权式战略联盟的特点。

4. 答案：D

解析：次贷危机爆发，投行K预计其竞争对手中国的甲银行将会逐步降低权益类投资，并逐渐降低对客户的理财产品的收益率，投行K对甲银行的上述分析属于适应变化的能力分析。

竞争对手的未来目标：对竞争对手未来目标的分析与了解，有利于预测竞争对手对其目前的市场地位以及财务状况的满意程度，从而推断其改变现行战略的可能性以及对其他企业战略行为的敏感性。

竞争对手的假设：假设包括竞争对手对自身企业的评价和对所处产业以及其他企业的评价。了解竞争对手的假设有利于正确判断竞争对手的战略意图。

竞争对手的现行战略：对竞争对手现行战略的分析，目的在于揭示竞争对手正在做什么、能够做什么。

竞争对手的能力：对竞争对手能力的实事求是的评估是竞争对手分析中最后的步骤。包括：（1）核心能力；（2）成长能力；（3）快速反应能力；（4）适应变化的能力；（5）持久力。

5. 答案：D

解析：基本的公司治理原则包括奠定管理和监督的坚实基础、设计董事会的结构以增加价值、促进道德和负责任的决策、维护财务报告的诚信、及时且公正地披露信息、尊重股东的权利、识别和管理风险、鼓励建立内部审计部门、鼓励提升业绩、公平的薪酬和责任、确认利益相关者的合法权益和履行法律义务。企业是否建立内部审计部门要根据企业的规模和经营特点等因素决定，规模很小的企业可能不需要建立审计部门。

6. 答案：D

解析：减损型现金短缺不能通过扩大销售解决问题，应对业务进行彻底重组或出售。

7. 答案：A

解析：国际战略的特点是本土独立性差且全球协作程度低，甲公司的分支机构只负责营销产品，而产品的开发职能保留在母国，说明本土独立性差，缺乏全球协作，所以是国际战略，选项 A 正确。

8. 答案：C

解析："需求量比较稳定"体现的是低经营风险，"甲燃气公司主要通过向银行贷款取得更新设备所需的资金"体现的是高财务风险，所以选项 C 正确。

9. 答案：B

解析：甲公司这种低价定向增发股票属于掠夺性融资行为。选项 B 正确。

10. 答案：D

解析：汽车行业的出现，改变了很多人的出行方式，使得社会的生活节奏大大加快，体现的是生活方式变化，所以是社会和文化环境。

11. 答案：A

解析：企业有过剩的资源、能力和核心竞争力，并适应于多种用途时适合进行多元化。

12. 答案：D

解析：产业发展要经过 4 个阶段：导入期、成长期、成熟期和衰退期。这些阶段是以产业销售锁增长率曲制的拐点划分的。选项 D 正确。

13. 答案：C

解析：企业的重大决策、重大事项、重要人事任免及大额资金支付业务等，应当按照规定的权限和程序实行集体决策审批或者联签制度。任何个人不得单独进行决策或者擅自改变集体决策意见。所以选项 C 的说法不正确。

14. 答案：A

解析：横向一体化战略是指企业收购、兼并或联合竞争企业的战略。两家事务所经营业务相似，所以属于横向一体化战略，所以选项 A 正确。

15. 答案：C

解析："率先创建了'人物山水旅游项目'，它将震撼的文艺演出置于秀丽山水之中，让观众在观赏歌舞演出的同时将身心融于自然"体现的是预测市场变化或发现战略机会。选项 C 正确。

16. 答案：B

解析：人口因素包括企业所在地居民的地理分布及密度、年龄、教育水平、国籍等。在日本，人口老龄化对企业或企业计划提供的产品与服务类型产生显著影响，这体现了社会和文化环境因素中的人口因素。

17. 答案：D

解析：选项 A，属于现有企业组织潜在进入者的行为；选项 B，属于产业内现有企业的竞争；选项 C，属于增强自身的讨价还价能力；选项 D，属于互动互补的体现。

18. 答案：B

解析：本题考核《企业内部控制应用指引第 2 号——发展战略》。制定与实施发展战略需关注的主要风险包括：（1）缺乏明确的发展战略或发展战略实施不到位，可能导致企业盲目发展，难以形成竞争优势，丧失发展机遇和动力。（2）发展战略过于激进，脱离企业实际能力或偏离主业，可能导致企业过度扩张，甚至经营失败。（3）发展战略因主观原因频繁变动，可能导致资源浪费，甚至危及企业的生存和持续发展。该公司发展过于激进，盲目进军房地产行业，最终企业不但没有迅猛发展，超市的业绩也受到一定影响。所以该企业最主要应该关注的风险是发展战略过于激进，脱离企业实际能力或偏离主业，可能导致企业过度扩张，甚至经营失败。

19. 答案：C

解析：快速反应能力分析是竞争对手对其他公司的行动迅速作出反应的能力，由以下因素决定：自由现金储备、留存借贷能力、厂房设备的余力、定型但尚未推出的新产品。选项 C 正确。

20. 答案：A

解析：根据题意，互联网金融产业的销售额迅速增长，产业中时常出现兼并等意外事件，说明产业处于成长期，成长期企业的战略目标是争取最大的市场份额，主要的战略路径是市场营销。选项 A 正确。

21. 答案：D

解析："从事苹果种植与销售的秋实公司于 2017 年率先采取了一种新的经营方式，在种植区内增设了园林景观、运动场、游戏场等，到秋收季节，顾客可前来付费进行休闲娱乐等活动，同时能以市场最低的价格采摘和购买苹果"体现了企业可以在为顾客提供更高的认可价值的同时，获得成本优势，即为混合战略。选项 D 正确。

22. 答案：C

解析：选项 C 错误，审计委员会成员之间的不同意见如无法内部调解，应提请董事会解决。

23. 答案：C

解析：企业应当在董事会下设立战略委员会，选项 A 错误。企业的发展战略方案经董事会审议通过后，报经股东（大）会批准实施，选项 B 错误，选项 C 正确。由于经济形式、产业政策、技术进步、行业状况以及不可抗力等因素发生重大变化，确需对发展战略作出调整的，应当按照规定权限和程序调整发展战略，选项 D 错误。

24. 答案：C

解析：重要缺陷并不影响企业内部控制的整体有效性，但应当引起董事会和管理层的重视。

二、多项选择题

1. 答案：BCD

解析：理发产业属于零散产业。造成产业零散的原因：

（1）进入障碍低或存在退出障碍；

（2）市场需求多样导致高度产品差异化；

（3）不存在规模经济或难以达到经济规模。

2. 答案：AB

解析：在分析和识别风险时，可以采用如下工具：（1）情景设计，通常借助企业内部探讨，形成关于未来情况的各种看法。（2）决策树，常用于目标管理中，以证实每个阶段存在的不确定性，根据每种可能的结果出现的可能性及包括的现金流量，评估项目的期望值。

3. 答案：ABD

解析：甲公司选用的是单一货源策略。随着与供应商关系的加强，更可能获得高质量的货源。所以选项 C 错误。

4. 答案：BD

解析："公司高层循序渐进推进变革"属于调整变革节奏，选项 B 正确。"时刻关注员工的心理变化，认真听取员工的意见和建议，并组织员工学习新技能，鼓励员工积极参与变革"属于变革的管理方式。选项 D 正确。

5. 答案：ABCD

解析：企业要想取得最佳的采购组合，需要从质量、数量、价格和交货四个领域来考虑。

6. 答案：ABC

解析：成功关键因素（KSF）是指公司在特定市场获得盈利必须拥有的技能和资产，是企业取得成功的前提条件。KSF 随产业的不同而不同，随产业生命周期的变化而变化，同一产业不同企业对 KSF 各有侧重，KFS 属于市场和产业层次的特征，而不是针对某个个别公司。

7. 答案：BC

解析："近几年 VR（虚拟现实）产品的销售量节节攀升，顾客群逐渐扩大；不同企业的产品在技术和性能方面有较大差异；消费者对产品质量的要求不高"说明企业当前处于成长期。从市场角度看，此时的成功关键因素为建立商标信誉、开拓新销售渠道。选项 B、C 正确。

8. 答案：ACD

解析：建立反舞弊机制属于信息与沟通要素中的内容，所以选项 B 错误。

9. 答案：AC

解析：铁矿石价格走低意味着钢铁成本降低，代表着汽车企业可以降低成本，属于机会。消费者收入提高意味着购买力提高，对于汽车企业也是机会。石油价格持续上升代表着使用成本上升，会抑制消费者对汽车的需求，属于威胁。城市拥堵情况日益严重表明会抑制汽车的使用，属于威胁。

10. 答案：BCD

解析：市场风险包括权益风险、汇率风险、利率风险以及商品风险。利率风险是寿险公司的主要风险，它包含资产负债不匹配风险。而作业风险是指作业制度不良与操作疏忽对企业造成的风险，如流程设计不良或矛盾、作业执行发生疏漏、内部控制未落实。

11. 答案：CD

解析：进行核心竞争力的辨别，包括功能分析、资源分析和过程系统分析。该材料中，对地理位置进行分析，属于资源分析；对原材料进行分析，发现自制调料深受大众的喜爱，这属于功能分析。本题中并未涉及过程系统分析。

12. 答案：AC

解析：不同民族体现的是人口细分，生活习俗特点体现的是心理细分。选项A、C正确。

13. 答案：ABD

解析：选项A，内部审计部门负责研究提出全面风险管理监督评价体系；选项B，董事会中独立董事、外部董事人数应超过董事会全部成员的半数；选项D，风险管理职能部门研究提出全面风险管理工作报告，风险管理委员会提交全面风险管理年度报告。

14. 答案：ABD

解析：我国《企业内部控制基本规范》关于内部监督要素的要求：

（1）企业应当根据本规范及其配套办法，制定内部控制监督制度，明确内部审计机构（或经授权的其他监督机构）和其他内部机构在内部监督中的职责权限，规范内部监督的程序、方法和要求。内部监督分为日常监督和专项监督。日常监督是指企业对建立与实施内部控制的情况进行常规、持续的监督检查；专项监督是指在企业发展战略、组织结构、经营活动、业务流程、关键岗位员工等发生较大调整或变化的情况下，对内部控制的某一或者某些方面进行有针对性的监督检查。专项监督的范围和频率应当根据风险评估结果以及日常监督的有效性等予以确定。

（2）企业应当制定内部控制缺陷认定标准，对监督过程中发现的内部控制缺陷，应当分析缺陷的性质和产生的原因，提出整改方案，采取适当的形式及时向董事会、监事会或者经理层报告。内部控制缺陷包括设计缺陷和运行缺陷。企业应当跟踪内部控制缺陷整改情况，并就内部监督中发现的重大缺陷，追究相关责任单位或者责任人的责任。

（3）企业应当结合内部监督情况，定期对内部控制的有效性进行自我评价，出具内部控制自我评价报告。内部控制自我评价的方式、范围、程序和频率，由企业根据经营业务调整、经营环境变化、业务发展状况、实际风险水平等自行确定。

（4）企业应当以书面或者其他适当的形式，妥善保存内部控制建立与实施过程中的相关记录或者资料，确保内部控制建立与实施过程的可验证性。

三、简答题

1. 答案：

（1）一般说来，宏观环境因素包括政治和法律环境因素、经济环境因素、社会和文化环境因素及技术环境因素。（1分）

（2）①政治和法律环境因素：国家大力扶持电信产业的发展，电信终端得以飞速发展；国家政策支持：政府越来越重视发展、扶持民营经济，鼓励大胆创新，提高经济附加值，为移动互联网的发展壮大提供了政策支持。（1分）

②经济环境因素：国内生产总值稳中向好，农村居民人均纯收入及城镇居民人均可支配收入的提高，都会增加消费者对生活必需品的需求。(1 分)

③社会和文化环境因素：手机生产基地在富士康，使用者呈现出区域特点，有将近 1/3 的使用者都在北京地区，而在广州和深圳等南方城市则比较少。人们追求更加时尚、简约实用、性价比高的手机。(1.5 分)

④技术环境因素：手机行业整体发展迅猛，液晶电容和电阻屏屏幕制造技术逐渐成熟，带来了可视角度和显示像素的视觉体验极佳的手机屏幕，Android 系统的完美操作性给大屏幕的触摸屏，游戏的开发带来了极大的支持、方便。(1.5 分)

2. 答案：

依据《企业内部控制应用指引第 12 号——担保业务》，B 公司上述担保内部控制制度分析如下：

(1) 存在内部控制缺陷，(0.4 分) 公司对外担保前应对担保申请人进行资信调查和风险评估，评估结果应出具书面报告。B 公司董事会批准前并未进行资信调查和风险评估。同时，企业为关联方提供担保的，与关联方存在经济利益或近亲属关系的有关人员在评估与审批环节应当回避。B 公司总经理同时兼任 C 公司董事，应当回避。(1 分)

(2) 存在内部控制缺陷，(0.4 分) 企业要求担保申请人提供反担保的，还应当对与反担保有关的资产状况进行评估。(1 分)

(3) 存在内部控制缺陷，(0.4 分) 担保合同的拟定和审核属于不相容职务，由担保经办部门负责拟定和审核担保合同不妥，应由独立于担保经办部门的其他部门或人员对担保合同的合法性和完整性进行审核。(1 分)

(4) 不存在内部控制缺陷。(1 分)

(5) 存在内部控制缺陷，(0.4 分) 企业担保经办部门应当加强担保合同的日常管理，定期监测被担保人的经营情况和财务状况，对被担保人进行跟踪和监督，不应是内审部门。(1 分)

(6) 存在内部控制缺陷，(0.4 分) 被担保人出现异常情况，担保经办部门应当及时报告，重大问题和特殊情况应当及时向总经理、董事长报告；总经理、董事长接到异常情况报告后，及时组织有关会议研究对策并实施，以化解担保风险。(1 分)

【该题针对“内部控制的应用—担保业务—要求与措施”知识点进行考核】

3. 答案：

(1) 由于该公司推出新型白酒后，最初销售状况良好，但随着市场环境发生改变，企业面对的现实市场状况与最初的预测开始产生越来越大的差距，战略所依赖的基础就显得越来越糟，从而使失效率大为提高，这属于战略失效中的晚期失效。

(2) 企业可以授权审计部门或专门机构负责内部控制评价组织的实施工作。该评价部门或机构应具备以下条件：

①能够独立行使对内部控制系统建立与运行过程及结果进行监督的权力；

②具备与监督和评价内部控制系统相适应的专业胜任能力和职业道德素养；

③与企业其他职能机构就监督与评价内部控制系统方面应当保持协调一致，在工作中相互配合、相互制约；

④能够得到企业董事会和经理层的支持，通常直接接受董事会及其审计委员会的领导和

监事会的监督，有足够的权威性来保证内部控制评价工作的顺利开展。

4. 答案：

（1）海浪水泥的竞争优势：

有形资源："海浪水泥总部坐落于A省。A省是全国水泥生产主要原材料石灰石储量第二大的省份，且石灰石质量较高"。

无形资源："海浪水泥不断完善'T型'战略布局，率先在国内新型干法水泥生产线低投资、国产化的研发方面取得突破性进展，这标志着中国水泥制造业的技术水平跨入世界先进行列，确保公司为市场提供规模可观的低价高质产品"。

海浪水泥资源"不可模仿性"的主要形式：

①物理上独特的资源。"海浪水泥总部坐落于A省。A省是全国水泥生产主要原材料石灰石储量第二大的省份，且石灰石质量较高。海浪水泥凭借先天条件坐拥原材料成本和质量优势""海浪水泥利用自身位居长江附近的地理位置优势，积极推行其他水泥企业难以复制的'T型'战略布局""海浪水泥不断完善T型'战略布局，率先在国内新型干法水泥生产线低投资、国产化的研发方面取得突破性进展，这标志着中国水泥制造业的技术水平跨入世界先进行列，确保公司为市场提供规模可观的低价高质产品"。

②具有路径依赖性的资源"集团设立了物流公司和物流调试中心；公司强化对终端销售市场的开拓，推行中心城市一体化销售模式，在各区域市场建立贸易平台；公司物流实现了工业化和信息化的深度融合，以GPS和GIS为核心的物流调度信息系统实现了一体化、可视化的管理"。

（2）海浪水泥企业能力：

①研发能力。"不断完善T型战略布局，率先在国内新型干法水泥生产线低投资、国产化的研发方面取得突破性进展"。

②生产管理能力。"利用自身位居长江附近的地理位置优势，积极推行其他水泥企业难以复制的T型战略布局：在拥有丰富石灰石资源的区域建立大规模生产的熟料基地，利用长江的低成本水运物流，在长江沿岸拥有大容量水泥消费的城市群建立粉磨厂，形成'竖端'熟料基地+长江水运、'横端'粉磨厂深入江、浙、沪等地市场的'T型'生产和物流格局，改变了之前通过'中小规模水泥工厂+公路运输+工地'的生产物流模式，解决了长江沿岸城市石灰石短缺与当地水泥消耗量大之间的矛盾"。

③营销能力。"公司强化对终端销售市场的开拓，推行中心城市一体化销售模式，在各区域市场建立贸易平台；公司物流实现了工业化和信息化的深度融合，以GPS和GIS为核心的物流调度信息系统实现了一体化、可视化的管理"

④组织管理能力。"公司在沿江、沿海建造了多个万吨级装卸水泥和熟料的专用码头，着力建设或租赁中转库等水路上岸通道；集团设立了物流公司和物流调试中心"。

四、综合题

答案：

（1）万欣U国主要涉及：①跨国经营活动引发的文化风险。"虽然有为U国客户代工生产的经历，但是作为中国第一个走进U国的汽车零部件企业，万欣U国公司来自新兴市场的低端形象很难得到U国企业和消费者的认同"。②企业并购活动引发的文化风险。"公司初次收购U国当地企业并调整员工假期遭到工会强烈反对，工会声称即使倒闭也不会让中国企业兼并”。

（2）万欣U国涉及的是寻求现成资产。“万欣U国公司在U国逐步立稳脚跟后，开始收购些品牌价值高但经营不善的公司。1999年万欣U国公司收购L公司，这笔收购使它取代L公司成为世界上拥有最多万向节专利的公司。2000年万欣U国公司收购T公司，从而成为U国最大的汽车轮毂加工装配基地和供应商。2001年万欣U国公司又收购U国零售商A公司，获得了A公司的汽车制动器技术与品牌、U国连锁维修店和采购渠道”。

（3）并购的动机

①避开进入壁垒，迅速进入，争取市场机会，规避各种风险。“1999年万欣U国公司收购L公司，这笔收购使它取代L公司成为世界上拥有最多万向节专利的公司。2000年万欣U国公司收购T公司，从而成为U国最大的汽车轮毂加工装配基地和供应商。2001年万欣U国公司又收购U国零售商A公司，获得了A公司的汽车制动器技术与品牌、U国连锁维修店和采购渠道万欣U国公司非常注重规避跨国并购可能带来的风险，例如在收购L公司时，为了绕开工会的制约，万欣U国公司联手当地企业一起收购；在收购T公司时，万欣J国公司不仅没有解雇富余员工，还扩建厂房并招收新员工，帮助T公司渡过难关”。

②获得协同效应。“在并购H公司后停掉了该公司的一些生产线，将设备运到万欣公司中国公司进行生产，H公司主要负责组装、技术开发、测试、售后服务和物流，以发挥各自优势。在收购U国T-D公司后，万欣U国公司通过对T-D公司和中国总部进行优势和资源的对接，把等速驱动轴打造为继万向节之后又一个世界老大产品”。

③克服企业负外部性，减少竞争，增强对市场的控制力。“2007年U国AI公司被万欣U国公司并购后其大股东评价‘万欣的并购会让现代化的U国汽车工业企业变得更加赚钱’”“一系列的并购及其之后的资源整合，不仅拯救了被并购公司，也让他们认识到万欣公司的强大实力与中国国内完备的产业配套能力”“同时，万欣U国公司收购一级供应商，通过财务支持帮助它们渡过难关，为3 500位U国人保住了工作，也让万欣U国公司生产的零部件得以在U国三分之一的汽车上使用”。

（4）①找到一个定位明确又易手防守的市场。“万欣U国公司将‘瞄着U国主流社会’的本地化改造作为首要任务，不再沿用母国总部的管理理念和方法”。

②学习从发达国家获取资源，以克服自身技能不足和资本的匮乏。“1999年万欣U国公司收购L公司，这笔收购使它取代L公司成为世界上拥有最多万向节专利的公司。2000年万欣U国公司收购T公司，从而成为U国最大的汽车轮毂加工装配基地和供应商。2001年万欣U国公司又收购U国零售商A公司，获得了A公司的汽车制动器技术与品牌、U国连锁维修店和采购渠道”。

（5）①确认那些支持企业竞争优势的关键性活动。“万欣U国公司意识到金融危机前公司要尽可能适应和服从外部环境的要求，危机后公司则应当发挥自身优势，朝更有利的方向施加影响”。

②明确价值链内各种活动之间的联系。“DR公司是一家汽车电子感应器公司，在金融危机中不得不出售。出售前公司所有者联系了万欣U国公司收购过的公司，了解到这些公司被收购后得到万欣U国公司及其总部很好的资源整合，因此拒绝另外4家竞标收购者而决定出售给万欣U国公司”“2008年U国F汽车公司旗下的M工厂因严重亏损被迫剥离。

万欣 U 国公司收购 M 工厂后对其生产经营方式进行全面改造。在并购 H 公司后停掉了该公司的一些生产线，将设备运到万欣公司中国公司进行生产，H 公司主要负责组装、技术开发、测试、售后服务和物流，以发挥各自优势。在收购 U 国 T－D 公司后，万欣 U 国公司通过对 T－D 公司和中国总部进行优势和资源的对接，把等速驱动轴打造为继万向节之后又一个世界老大产品。2009 年万欣 U 国公司收购 U 国 DS 汽车转向轴业务后，为十分不景气的 U 国汽车业挽救约 150 个工作岗位。一系列的并购及其之后的资源整合，不仅拯救了被并购公司，也让他们认识到万欣公司的强大实力与中国国内完备的产业配套能为”。

③明确价值系统内各项价值活动之间的联系。“同时，万欣 U 国公司收购一级供应商，通过财务支持帮助它们渡过难关，为 3 500 位 U 国人保住了工作，也让万欣 U 国公司生产的零部件得以在 U 国三分之一的汽车上使用”。

（6）①专有技术。“但是由于起步晚、缺少高端技术研发人员和销人员，万欣公司的电动车零部件核心技术……优势”。

②得到适当成本和质量的原材料和其他投入（如熟练劳动力）。“但是……万欣公司的电动车零部件核心技术远远落后于国内外的领先企业，也缺少整合供应链的资源和能力”。

③经验造成的成本优势。“但是由于起步晚……没有早期进入者所具有的经验曲线等成本优势”。

④风险。“但是由于起步晚、缺少高端技术研发人员和销人员，万欣公司的电动车零部件核心技术远远落后于国内外的领先企业，也缺少整合供应链的资源和能力，更没有早期进入者所具有的经验曲线等成本优势”。

（7）规避社会责任风险主要体现在促进就业和员工权益保护不够，可能导致员工积极性受挫，影响企业发展和社会稳定。“并购后，万欣 U 国公司履行承诺，将 FS 公司的工厂从欧洲 F 国搬回 U 国，复产后创造了 300 多个工作岗位”。

2020年注册会计师全国统一考试《公司战略与风险管理》全真模拟试题（七）

一、单项选择题（本题型共24题，每题1分，共24分。每题只有一个正确答案，请从每题的备选答案中选出一个你认为正确的答案）

1. 图美公司是某出版社所属的一家印刷厂，该公司按照出版社提供的文稿、图片和质量要求从事印刷、装订工作。图美公司适宜采用的组织协调机制是（　　）。

A. 共同价值观　　B. 相互适应，自行调整

C. 工作成果标准化　　D. 技艺（知识）标准化

2. 甲公司是一家大型跨国企业，在全球多个国家都有自己的分支机构。随着全球经济的发展，各国消费者的消费需求发生了很大变化。为了适应各地的需求特点，该公司决定把经营决策权下放到各分支机构，向当地提供本土化的产品，以提高企业在当地的竞争力。这种国际化经营行为属于（　　）。

A. 国际化战略　　B. 多国化战略　　C. 全球化战略　　D. 跨国化战略

3. H公司是一家汽车制造公司，公司的零部件主要从供应商A公司处采购。近年来，原材料价格上涨，A公司要求提高零部件的供应价格，由于供应商比较单一，公司不得不同意A公司的涨价要求。A公司的影响力属于波特五力模型中所提及的（　　）。

A. 购买商的议价能力　　B. 替代产品的威胁

C. 供应商的议价能力　　D. 产业内现有企业的竞争

4. 甲公司是国内经营多年的办公设备生产商，近期成功研制了一款超薄节电的高性能超极本。经过前期市场预投放，该款产品深受消费者青睐。公司管理层计划将这一新款超极本规模化生产，并同时在国内和国外市场销售。根据安索夫矩阵，甲公司进军国外市场的计划属于（　　）。

A. 多元化　　B. 市场开发　　C. 产品开发　　D. 市场渗透

5. 乙公司主业为化纤原料生产及成衣制造。企业领导人近几年发现，消费者回归自然，关注健康的消费理念日益普及，各种纯天然的成衣大量涌入市场，使得整个化纤成衣的市场明显萎缩，很多化纤成衣制造厂商开工严重不足，大量设备闲置。这种局势造成一些化纤厂商开始缩小生产规模，甚至转产。这种情况表明化纤原料及成衣制造产业开始进入（　　）。

A. 导入期　　B. 成长期　　C. 成熟期　　D. 衰退期

6. 薪酬与考核委员会是公司内部治理结构的重要组成部分之一，以下不属于其工作职责的是（　　）。

A. 负责对董事、监事和高级管理人员进行考核

B. 负责制定公司员工的考核标准和薪酬政策

C. 负责制定审查董事、监事和高级管理人员的薪酬政策与方案

D. 负责制定董事、监事与高级管理人员的考核标准

7. 下列关于财务战略的说法正确的是（　　）。

A. 财务管理可以分为资金的筹集和资金投资两大部分

B. 财务战略是主要涉及财务性质的战略，但它不属于财务管理范畴的战略

C. 财务战略主要考虑财务领域全局的、长期发展方向问题，并以此与传统的财务管理相区别

D. 重要的财务决策总是由企业最高当局者作出的，不需要经过董事会议

8. 以下对波士顿矩阵正确的表述是（　　）。

A. 波士顿咨询集团于1860年提出了市场增长率与份额矩阵，简称波士顿矩阵

B. 波士顿矩阵能够根据潜在的现金产生能力和需要的现金支出来评价企业的产品

C. 波士顿矩阵是用来帮助管理层实现他们对多种产品的组合进行分析，以提高企业整体业绩

D. 波士顿矩阵不能够根据潜在的现金产生能力和需要的现金支出来评价企业的产品

9. 约翰·科特提出成功的管理者需要建立起一些基本权利，尤其是榜样权和专家权，这两者比正式职权更具有持久性。下列关于榜样权和专家权的表述中，正确的是（　　）。

A. 是管理者对资源控制的体现

B. 仅存在于正式组织中

C. 是管理者在管理层次中地位的体现

D. 是管理者对素质和影响的体现

10. 甲公司是一家大型的餐饮公司，随着公司规模的扩大，公司决定通过进军房地产业务逐步实现多元化发展。由于对新市场不了解，公司决定专门针对在异地工作的高级白领开展房地产业务，争取在这个市场上获得较大的市场份额。该公司采取的市场营销策略是（　　）。

A. 无差异市场营销　　B. 差异市场营销

C. 集中市场营销　　D. 集中差异市场营销

11. 下列风险管理技术与方法中，能够对风险进行定量分析的是（　　）。

A. 事件树分析法　　B. 专家意见法

C. 风险评估系图法　　D. 流程图分析法

12. 甲公司是一家小型食品企业，公司总经理给自己设立的具体目标是“不赚到100万不罢休”。随着流行趋势的改变，消费者越来越倾向于保健食品，更加注重养生。该公司抓住了这次机会，迅速推出一系列保健食品，深受消费者的喜爱。但是当实现预先制定的目标时，该公司总经理不愿再承受经营的代价与风险，此时该总经理应该采取（　　）。

A. 收缩战略　　B. 稳定战略　　C. 发展战略　　D. 一体化战略

13. 甲公司是中国的一家企业，公司于10月份从美国购买了一批机床，约定11月15日支付美元货款。甲公司可能面临的风险是（　　）。

A. 项目风险　　B. 政治风险

C. 法律或合规性风险　　D. 财务风险

14. 龙苑公司是一家制作泥塑工艺品的家族企业。该公司成立100多年来，经过世代相传积累了丰富的泥塑工艺品制作经验和精湛技艺，产品远销国内外。目前一些企业试图进入泥塑工艺品制作领域。根据上述信息，龙苑公司给潜在进入者设置的进入障碍是（　　）。

A. 资金需求　　B. 学习曲线

C. 行为性障碍　　D. 分销渠道

15. 2012年政府颁布了《生活饮用水卫生标准》，然而，由于相关设施和技术等方面的原因，国内一些地区的自来水水质短期内还不能达到标准。同时，近年随着国内经济迅速发展，国民追求健康和高品质生活的愿望不断提高。通过对上述情况的分析，华道公司于2013年从国外引进自来水滤水壶项目，获得成功。本案例中，华道公司外部环境分析所采用的主要方法是（　　）。

A. 产品生命周期分析　　B. 五种竞争力分析

C. PEST分析　　D. 钻石模型分析

16. 甲基金公司在对基金管理、受托资产管理、基金销售和咨询等业务活动进行风险度量时，首先对所有事件中每一事件发生的概率乘以该事件的影响，然后将这些乘积相加得到风险数值。甲基金公司采用的风险度量方法是（　　）。

A. 概率值　　B. 最大可能损失　　C. 期望值　　D. 在险值

17. 随着云计算技术的崛起，传统数据技术受到严峻挑战。此前引领世界数据库软件市场的J公司对环境变化反应迟钝，没有及时研究云计算技术。当公司意识到云技术是未来方向时，转型为时已晚。2018年，J公司营业收入基本零增长，净利润比前一年暴跌59%。公司面对的主要风险是（　　）。

A. 运营风险　　B. 法律风险　　C. 财务风险　　D. 社会文化风险

18. 2015年，国内研发和制造铁路设备的东盛公司开启了国际化经营战略，在国外成立了多家子公司。东盛公司在国内的母公司保留技术和产品开发的职能，在国外的子公司只生产由母公司开发的产品。东盛公司采取的国际化经营战略类型的特点是（　　）。

A. 全球协作程度低，本土独立性和适应能力高

B. 全球协作程度高，本土独立性和适应能力低

C. 全球协作程度高，本土独立性和适应能力高

D. 全球协作程度低，本土独立性和适应能力低

19. 某手机生产商在进入智能手机行业之初，考虑到需求的不确定性，采用互联网营销模式，先由消费者预约购买，根据所收到的购买订单，在全球范围内选取合适的供应商进行零部件采购，所需零部件到货后开始排工生产，该智能手机生产商采用的产能与需求平衡方法是（　　）。

A. 准时制生产　　B. 资源订单式生产

C. 订单生产式生产　　D. 库存生产式生产

20. 在企业风险管理中，若风险损失不能避免，则尽量减少损失至最小化；风险损失可

能发生也可能不发生时，则设法降低风险发生的可能；风险预示着机会时，则化风险为机会。上述原则反映了企业风险管理的（　　）。

A. 战略性　　B. 全员化　　C. 计划性　　D. 二重性

21. 某特大型物流企业总公司管理层考虑到业务重组的需要，决定将原来的甲子公司合并至乙子公司，决定一经下达遭到了甲公司员工的强烈反对，总公司不得不撤销这一重组决定，对该物流企业总公司来说，其对待这场冲突的策略是（　　）。

A. 对抗　　B. 和解　　C. 折中　　D. 规避

22. 信科公司是一家刚创立的软件开发企业，总部设在北京。公司所处的软件开发行业突出特点是知识更新快，同时也导致经验丰富、素质高的软件工程师流动性较大，为此公司按矩阵式结构对各项目进行管理和考核，以确保各项目按期完成。根据以上信息可以判断，甲公司企业文化的类型是（　　）。

A. 人员导向型　　B. 权力导向型　　C. 角色导向型　　D. 任务导向型

23. 某煤矿企业预期我国煤炭市场有回暖趋势，拟扩大生产规模，近期需进行巷道挖掘与支护工程项目，以下不属于该企业工程项目需关注风险的有（　　）。

A. 固定资产维护不当、更新改造不够，可能导致安全事故频发

B. 立项缺乏可行性或可行性研究流于形式，可能导致项目失败

C. 项目招标暗箱操作，存在商业贿赂，可能导致中标价格失实

D. 工程物资质次价高，可能导致工程质量低劣

24. 以下关于内部控制缺陷的表述，错误的是（　　）。

A. 对存在内部控制缺陷的情形，内部控制评价报告不得做出内部控制有效结论

B. 物资采购申请金额已超其采购权限，却未向上级公司申请安排大宗物品采购属于运行缺陷

C. 未建立定期的现金盘点程序属于设计缺陷

D. 重大缺陷应当由董事会予以最终确认

二、多项选择题（本题型共14题，每题1.5分，共21分。每题均有多个正确答案，请从每题的备选答案中选出你认为正确的所有答案。每题所有答案选择正确的得分；不答、错答、漏答均不得分）

1. 下列属于多元化战略的有（　　）。

A. 某食品加工厂为保证原料来源收购了一家面粉厂

B. 某汽车制造企业利用现有的生产线和营销渠道进入摩托车市场

C. 某电视机生产厂通过加强品牌建设使其产品打入高端电视市场

D. 某汽车制造企业为分散经营风险而投资高速公路

2. 华泰医药公司拟在J国建立一个药品研发和生产基地，并对该国的相关情况进行了调查分析。下列各项中，符合钻石模型四要素分析要求的有（　　）。

A. J国近年来经济增长较快，对高质量药品需求与日俱增

B. J国政府近期颁布了多项支持医药产业发展的政策

C. J国药品研发人才不足，尚无一项药品专利

D. J国本土医药企业虽然数量较多，但规模小，竞争主要围绕价格进行

3. 乙公司是一家集团企业，业务涉及金融、出版、饮用水、水泥生产等。集团公司管理层针对饮用水业务进行分析时，发现该产业规模稳中有降，消费者对产品的要求较高。对此，乙公司的主要战略路径有（　　）。

A. 提高效率　B. 降低成本　C. 市场细分　D. 市场营销

4. 海格公司是一家民营单位，准备对2017年度的业绩情况做新的预算，该公司的专业人员为了工作上的方便，在编制预算时，使用以前期间的预算为基础来编制，在此基础上增加相应的内容，于是完成了2017年的业绩预算。对于这样的预算方法，下列说法中正确的有（　　）。

A. 能够应对环境的变化　B. 不能拥有启发新观点的动力

C. 没有降低成本的动力　D. 是一项复杂、耗费时间的过程

5. 海尔集团在冰箱领域巩固市场之后，开始实行“从白色家电进入黑色家电领域”的发展战略，经过几年的发展，如今的海尔已经从家电业进入IT业、房地产业等领域，海尔的发展战略经历的阶段包括（　　）。

A. 纵向一体化　B. 横向一体化　C. 相关多元化　D. 非相关多元化

6. 国内零售企业海川公司与生营大数据业务的出云公司签订战略合作协议，商定由海川公司免费向出云公司开放相关数据收集平台，出云公司无偿为海川公司提供数据分析及应用方案。下列各项中，属于上述两个公司所采用的战略联盟特点的有（　　）。

A. 有利于扩大企业的资金实力　B. 具有较好的灵活性

C. 有利于企业长久合作　D. 更具有战略联盟的本质特征

7. 中豪伟业是一家制造家电零部件的公司，近日，公司高层决定大举进入家电的整体制造和销售领域，并以自有资金收购了行业内家电制造和销售领域的王牌企业Y公司，从而正式向制造和销售领域进军。中豪伟业对Y公司的收购类型包括（　　）。

A. 纵向并购　B. 产业资本并购　C. 杠杆收购　D. 横向并购

8. 根据财务战略矩阵，当投资资本回报率超过资本成本时，属于（　　）业务。

A. 减损型现金短缺　B. 增值型现金短缺

C. 增值型现金剩余　D. 减损型现金剩余

9. 在消费者市场细分时，主要依据的细分变量包括（　　）。

A. 行为细分　B. 地理细分　C. 人口细分　D. 最终用户

10. 影响行业内企业间竞争激烈程度的因素有（　　）。

A. 产品差异程度　B. 行业增长率　C. 进入壁垒　D. 退出壁垒

11. 关于价值链分析，下面描述正确的有（　　）。

A. 它能用于指导业务层的战略实施

B. 价值链是公司用来理解成本定位的模板

C. 价值链分析是可以帮助识别的一种重要手段，分析准确就能使战略实施成功

D. 主要业务和辅助业务两者都要被分析

12. 甲公司主营定向爆破业务，在大型设施设备定向爆破拆除领域具有明显优势。甲公司确定的发展战略，一是向爆破拆除与拆除现场清理的一揽子承包工程拓展，二是向承揽矿山采掘爆破、筑路土方爆破业务拓展。甲公司业务开拓方向是密集型成长战略中的（　　）。

A. 市场渗透战略　B. 市场开发战略　C. 产品开发战略　D. 多元化战略

13. 在资产的周转率、销售净利率、资本结构、股利支付率不变并且不增发和回购股份的情况下，会出现以下（　　）现象。

A. 销售增长率低于可持续增长率企业会出现现金短缺

B. 销售增长率超过可持续增长率企业会出现现金剩余

C. 销售增长率低于可持续增长率企业会出现现金剩余

D. 销售增长率超过可持续增长率企业会出现现金短缺

14. 生产农用运输车辆的江陵公司将柴油发动机的生产授权给一个供应商。下列各项中，属于该公司货源策略优点的有（　　）。

A. 能够取得更多的知识和专门技术　　B. 采购方能够就规模经济进行谈判

C. 允许采用外部专家和外部技术　　D. 有利于在货源上取得竞争优势

三、简答题（本题型共 4 小题 30 分。其中一道小题可以选用中文或英文解答，请仔细阅读答题要求。如果用英文解答，须全部使用英文，答题正确的，增加 5 分。本题型最高得分为 35 分。在答题卷上解答，答在试题卷上无效）

1. （本小题 6 分，可以选用中文或英文解答，如使用英文解答，须全部使用英文，答题正确的，增加 5 分，最高得分为 11 分）

B 公司是一家有着多年历史的大型制药企业，在业内有着良好的声誉。公司多年来一直备受各医院和药品公司的信任，但在 2010 年 5 月，该公司却因药品质量问题被告上法庭。主要原因如下：

（1）低价采购

B 公司负责药用原材料采购的牛某在采购过程中结识了商贩马某，为了牟取暴利，马某冒充某知名制药厂销售人员，伪造药品生产许可证等，将工业用品假冒药用材料销售给牛某。2007 年 8 月，牛某第二次向马某购买，这一次，马某卖给牛某的则是价格更低廉的工业原料。整个购买过程中，牛某只图采购价格低，既未向制药厂索取资质证明，也未现场进行查看，因而购入了大量的假冒药用原材料。

（2）违规验收

假冒的药用原材料被购入后，B 公司的质量检验部门违反操作规程，在未对这批材料按照指定规格进行对比鉴别的情况下，便随意签发了合格证，致使假冒药用原材料被大量投入生产。

（3）低价中标

2010 年，省内实行新一轮药品集中招标采购，在投标过程中，B 公司生产的医药产品因投标价格最低，而最终成为了众多医院集中招标采购的独家中标品种。于是，由 B 公司制造的假药顺利流入各大市场。多家医院开出此假药后，导致数名患者死亡。

（1）简述采购业务需关注的主要风险。

（2）针对 B 公司的状况，分析该公司的关键控制点以及控制措施。

2. （本小题 8 分）

主营单晶硅、多晶硅太阳能电池产品研发和生产的益强公司于 2003 年成立。这是一家由董事长兼总经理李自一手创办并控制的家族式企业。

2010 年 11 月益强公司挂牌上市。在资本市场获得融资的同时，益强公司开始了激进的扩张之路。从横向看，为了扩大市场份额，益强公司在欧美多个国家投资或设立子公司；从纵向看，益强公司布局光伏全产业链，实施纵向一体化发展战略，由产业中游的组件生产，延伸至上游的硅料和下游的电站领域。益强公司还大举投资房地产、炼油、水处理和LED显示屏等项目。

为了支持其扩张战略，益强公司多方融资。公司上市仅几个月便启动第二轮融资计划——发行债券，凭借建设海外电站的愿景，通过了管理部门的审批，发行10亿元的“益强债”，票面利率为8.98%，在当年新发债券中利率最高。自2011年2月起，李自及其女儿李丽陆续以所持股份作抵押，通过信托融资约9.7亿元，同时益强公司大举向银行借债。李自还发起利率高达15%的民间集资。这样，益强公司在上市后三年内，通过各种手段融资近70亿元。

受2008年美国次贷危机和2011年欧债危机影响，欧美国家和地区纷纷大幅削减甚至取消光伏补贴，光伏产品国际市场需求急剧萎缩。随后欧盟对中国光伏产品发起“反倾销、反补贴”调查，光伏企业出口遭受重创。而全行业的非理性发展已经导致产能严重过剩，市场供大于求，企业间开始以价格战展开恶性竞争，利润急速下降，甚至亏损。

在这种情况下，益强公司仍执着于多方融资扩大产能，致使产品滞销库存积压。同时，在海外大量投资电站致使公司的应收账款急速增加。欧盟经济低迷，海外客户还款能力下降，欧元汇率下跌。存货跌价损失、汇兑损失坏账准备的计提使严重依赖海外市场的益强公司出现大额亏损。公司把融资筹措的大量短期资金投放于回款周期很长的电站项目，投资回报期和债务偿付期的错配使公司的短期还款压力巨大，偿债能力逐年恶化。2010年公司的流动比率为3.165，到了2013年只有0.546。公司资金只投不收的模式使现金流很快枯竭。2012年和2013年多家银行因贷款逾期、供应商因货款清偿事项向益强公司提起诉讼，公司部分银行账户被冻结，深陷债务危机。益强公司由于资金链断裂，无法在原定付息日支付公司债券利息8 980万元，成为国内债券市场上第一家违约公司，在资本市场上掀起轩然大波，打破了公募债券刚性兑付的神话。

2014年5月益强公司因上市后连续三年亏损被ST处理，暂停上市。仅仅三年多的时间，益强公司就从一家市值百亿元的上市公司深陷债务违约危机导致破产重组。

要求：

（1）简要分析益强公司上市后面对的市场风险；

（2）简要分析益强公司上市后存在的战略风险；

（3）依据《企业内部控制应用指引第6号——资金活动》简要分析益强公司资金活动中存在的主要风险。

3.（本小题8分）

甲公司是日本最大的汽车公司之一，创立于1933年。其先进的技术和优良的品质备受世界各地人士推崇，即使在十分残酷的竞争当中，甲公司也取得了历史上最好的成绩。乙汽车公司成立于1908年9月16日，全球总部位于美国密歇根州的汽车之城底特律，从1927年以来一直是全世界最大的汽车公司之一。

20世纪80年代初的美国汽车行业正陷入极为严重的衰退期，能源价格居高不下和消费者偏好的改变导致了对高质省油的小型车的巨大需求。乙汽车公司为适应全球竞争的需要，加大了在研究与开发方面的投入，但收效甚微。甲公司是当时世界上汽车行业中最具成本竞争力的生产者，又拥有生产小型车的经验，并有首创的甲管理模式。然而由于日本汽车对美出口受到出口限额的限制，要积极争取巨大的美国市场，需要甲公司将生产基地向美国转移。

1984 年，乙汽车公司与甲公司共同组建了新联合汽车公司，双方股权各占 50%，双方通过合作，乙公司能够在合资企业中直接观察日本汽车的生产方式，可以从甲公司获得小型车生产技术、改善车间管理经验以及稳定的供销关系。而甲公司则可以学习如何在美洲地区直接管理一家工厂，积累在美国的海外运作经验。

（1）简要分析甲汽车公司与乙公司形成的战略联盟属于哪种类型。

（2）简述企业战略联盟形成的动因，并判断甲公司和乙公司进行战略联盟的动因。

4.（本小题 8 分）

甲公司是一家光伏生产企业，位于华北某省，为单体公司，采用传统型组织结构，设置了采供部、生产部、市场部、销售部（按省区下设办事处）和新产品研发部、财务部、行政人事部。近几年，我国开始大力发展新能源，出台了若干促进光伏产业发展的政策，光伏产业逐渐发展壮大起来。甲公司也进入了快速发展阶段，销售额和出口额近十年来平均增长 15% 以上。员工也由原来的不足 200 人增加到了 2 000 多人。

甲公司采用财务和非财务指标进行业绩考核。公司层面的财务指标主要有销售额、销售费用率、净利润、流动比率、速动比率和资产负债率，其他指标主要有市场占有率。

经财务部分析，公司产品销售状况良好，但利润水平却不高，主要原因如下：

第一，费用支出过大。针对每年居高不下的费用支出，公司决策层决定在全公司各个部门实行预算管理。要求每个部门在考虑未来实际支出需要的基础上开始编制本部门的预算，并在年底时对预算执行情况进行考核，考核结果与部门领导和员工的报酬直接挂钩。

第二，公司出口额增大，海外市场扩张速度明显加快，业务范围已经覆盖美国、日本、欧洲等地，这些地区的相关关税水平较高，直接影响了产品在当地的竞争力和盈利水平。同时，这些地区对于光伏产品直接投资采取了严格审查的政策。

第三，现有组织形式存在缺陷，导致费用上升明显。甲公司决定在公司内推行全新的运营模式，并拟将原有的业务管理模式进行调整。

要求：

（1）简要分析纵向分工结构的基本类型，并指出甲公司所属的纵向分工结构类型。

（2）简要分析甲公司横向分工组织结构的类型，并指出该种类型的优缺点。

（3）简要说明平衡计分卡的业绩衡量方法，针对甲公司业绩考核应当补充哪些指标，并阐明原因。

（4）简要分析预算的类型，指出甲公司采取的预算编制办法，并指出该种预算编制办法的优缺点。

四、综合题（本题型共 1 题，30 分。在答题卷上解答，答在试题卷上无效）

H 公司创立于 1984 年，从开始单一生产冰箱起步，拓展到家电、通讯、IT 数码产品、家居、物流、金融、房地产、生物制药等领域，成为全球领先的美好生活解决方案提供商。近年来，该公司成为我国企业发展与管理的成功典范，总结其发展轨迹可将其分为四个阶段：

第一阶段是 1984～1991 年的品牌发展战略。该期间 H 公司一直坚持专业化的经营策略，在电冰箱领域建立了良好的品牌形象和较高的知名度，为其品牌延伸奠定了基础。该阶段最为人津津乐道的便是“总裁砸冰箱”的典故，1985 年 H 公司从德国引进了世界一流的冰箱生产线，一年后有用户反映冰箱存在质量问题。H 公司在给用户换货后，对全厂冰箱进行了检查，发现库存的 76 台冰箱虽然不影响冰箱的制冷功能，但由于员工的疏忽使得外观有划痕。H 公司时任总裁决定将这些冰箱当众砸毁，并提出“有缺陷的产品就是不合格产品”的观点，在社会上引起极大的震动。

第二个阶段是 1991 ~ 1998 年的一体化及相关多元化战略时期。H 公司通过科学管理和技术创新，开始从单一产品扩展到白色家电、黑色家电、米色家电等领域。从 1991 年起，H 公司先后兼并了众多竞争对手，公司资产从几千万元迅速增长至 39 亿元，成为中国第一家家电特大型企业。其中，H 公司并购青岛红星电器也是人们津津乐道的成功案例。青岛红星电器公司曾是我国三大洗衣机生产企业之一，但从 1995 年上半年开始，其经营每况愈下，出现多年未有的大滑坡现象，而且资产负债率高达 143. 65%，前景堪忧。为了盘活国有资产和 3 500 多名职工的生计，1995 年 7 月 4 日，青岛市政府决定将红星电器公司整体划归 H 集团。兼并生效之后，H 公司派去的第一批人不是出自财务部，而是出自企业文化中心。他们首先宣讲的是企业文化、管理模式，而不是投资额度、盈利指标。1997 年 3 月 13 日，H 集团以控股投资的方式，与赫赫有名的广东爱德集团公司合资组建 S 公司。总结接管红星电器的经验，这次 H 集团依然是以文化导入为主要手段，派出了企业文化中心主任和洗衣机公司总经理一起前往 S 公司。他们的使命有两项：一是向 S 公司员工传播企业的文化，实施“观念先投入”；二是切身感受、交流并吸收南国重镇改革开放的新信息、新观念，进行南北企业观念优势互补。

第三阶段是 1998 ~ 2005 年的非相关多元化发展阶段。企业开始横向整合，依托家电领域的优势向数码、家居、医药等领域发展。目前，H 集团已经形成了共计 96 大门类，超过 1 510 多个规格的产品群，成功实现从产品领域的多元化向产业经营格局的多元化迈进。

第四阶段是 2005 年至今的平台化转型发展阶段。2005 年 H 集团董事局主席首次提出了“人单合一”，并大刀阔斧地进行了组织结构改革，在“扭秧歌”式的不断试错摸索后，H 集团借助互联网相关技术已经逐步打造起了真正意义上的开放式平台。内部构建了自创业、自组织、自驱动的并联生态圈，推进员工从执行者向创业者转型，实现人人创客；外部构筑起一个共创共赢的用户生态圈，与利益相关方协同共享，创全流程用户最佳体验。目前 H 公司已建立起海达源、众创汇、众创意等多个运作平台，H 集团转型的最终目标是实现企业平台化、员工创客化和用户个性化。

要求：

（1）H 集团一直重视产品的质量，这是企业实现社会责任的重要表现，如果不能实现自己的社会责任，公司将会面临怎样的风险。

（2）H 集团在并购过程中，每次都是“文化先行”，那么企业文化为企业创造价值的途径是什么？

（3）分析 H 集团采用多元化战略面临的风险有哪些。

（4）H 公司当前依托互联网相关技术进行的平台化转型符合哪一模型的思想？试分析该模型的内涵。

2020年注册会计师全国统一考试
《公司战略与风险管理》全真模拟试题（七）
参考答案及解析

一、单项选择题

1. 答案：C

解析："按照出版社提供的文稿、图片和质量要求从事印刷、装订工作"体现了工作成果标准化。选项C正确。

2. 答案：B

解析：多国化战略是指企业将业务拓展到所在国以外的战略业务单位进行，由这些单位向本地市场提供本土化的产品，从而把自己有价值的技能和产品推向外国市场而获得收益。典型特征：满足各地个性化需求，适应性强；高度分权。因此，选项B更符合题意。

3. 答案：C

解析：A公司属于H公司的供应商，A公司的涨价要求属于供应商的议价能力。

4. 答案：A

解析：本题解答的关键在于"甲公司是国内经营多年的企业""研制了新款超极本""在海外市场销售"。甲公司以新款超极本（新产品）投放到海外市场（新市场）销售，属于安索夫矩阵中的新产品和新市场组合，即多元化战略，所以，选项A正确。

5. 答案：D

解析：产业生命周期各阶段特征如下：（1）导入期的产品用户很少，只有高收入用户才会尝试新产品。产品质量有待提高，由于产品刚刚出现，前途未卜，产品类型、特点、性能和目标市场尚在不断发展变化中，经营风险最高，只有很少的竞争对手。导入期的产品营销成本最高，由于销量小，所以产能过剩，生产成本高。（2）成长期产品销量增加，销售群扩大，消费者对产品的质量要求不高。各厂家的产品在技术和性能方面存在较大差异。广告费用较高。生产能力不足，向大批量生产转换，建立大宗分销渠道。由于市场扩大，竞争者涌入，开始出现兼并现象。产品价格最高。经营风险有所下降。（3）成熟期竞争者之间出现价格战。新客户减少，主要靠老客户的重复购买。产品逐步标准化，差异不明显。生产能力过剩，产品价格开始下降。经营风险进一步降低。（4）衰退期客户对产品性价比要求很高。各企业的产品差别小，产品质量出现问题。生产能力大大过剩。有些竞争者先于产品退出市场。产品的价格、毛利都很低。经营风险最低。题目表明化纤市场萎缩，设备闲置，生产能力过剩，一部分竞争对手退出市场，说明属于衰退期。

6. 答案：B

解析：薪酬与考核委员会是董事会下设的几个专门委员会之一，其主要职责包括：负责制定董事、监事与高级管理人员的考核标准，并进行考核；负责制定审查董事、监事和高级管理人员的薪酬政策与方案。

7. 答案：C

解析：选项 A 正确的说法是：财务管理可以分为资金的筹集和资金管理两大部分。选项 B 正确的说法是：财务战略是主要涉及财务性质的战略，它属于财务管理范畴的战略。选项 D 正确的说法是：重要的财务决策总是由企业最高当局者作出的，需要经过董事会议。

8. 答案：B

解析：选项 A 应该是：波士顿咨询集团于 1960 年提出了市场增长率与份额矩阵，简称波士顿矩阵；选项 C 正确的说法是：波士顿矩阵是用来帮助管理层实现他们对多种产品的组合进行分析，以提高企业整体的财务业绩；选项 D 不正确。

9. 答案：D

解析：专家权和榜样权是个人素质和影响的重要方面，不仅存在于正式组织中，也大量存在于非正式组织中。

10. 答案：C

解析：本题考核市场营销策略。集中市场营销是指企业集中所有力量，以一个或少数几个性质相似的子市场作为目标市场，试图在较少的子市场上占领较大的市场份额。实行集中市场营销的企业，一般是资源有限的中小企业，或者是初次进入新市场的大企业。该公司决定专门针对在异地工作的高级白领开展房地产业务，争取在这个市场上获得较大的市场份额。属于集中市场营销。

11. 答案：A

解析：选项 BCD 是定性分析；事件树分析法可以用于定性和定量分析。所以，选项 A 正确。

12. 答案：A

解析：采用收缩战略的主动原因包括一些小企业的短期行为，比如当一些小型企业家的具体目标是“赚 100 万”就罢休，当目标基本达到后，不愿再去承受继续经营的代价与风险，此时就应该采取收缩战略。

13. 答案：D

解析：财务风险中最主要的风险就是市场风险，其中包括利率和汇率的变动可能带来的风险。

14 答案：B

解析：“经过世代相传积累了丰富的泥塑工艺品制作经验和精湛技艺，产品远销国内外”体现的是学习曲线。选项 B 正确。

15. 答案：C

解析："2012年政府颁布了《生活饮用水卫生标准》"属于政治和法律因素；"由于相关设施和技术等方面的原因，国内一些地区的自来水水质短期内还不能达到标准"属于技术因素；"近年随着国内经济迅速发展"属于经济因素；"国民追求健康和高品质生活的愿望不断提高"属于社会和文化因素，即PEST分析。选项C正确。

16. 答案：C

解析：期望值通常指的是数学期望，即概率加权平均值：所有事件中，每一事件发生的概率乘以该事件的影响的乘积，然后将这些乘积相加得到和。选项C正确。

17. 答案：A

解析："前引领世界数据库软件市场的J公司对环境变化反应迟钝，没有及时研究云计算技术。当公司意识到云技术是未来方向时，转型为时已晚"体现的是运营风险中的企业组织效能、管理现状、企业文化、高中层管理人员和重要业务流程中专业人员的知识结构、专业经验等方面可能引发的风险。选项A正确。

18. 答案：D

解析："国内研发和制造铁路设备的东盛公司开启了国际化经营战略，在国外成立了多家子公司。东盛公司在国内的母公司保留技术和产品开发的职能，在国外的子公司只生产由母公司开发的产品"体现了全球协作程度低、本土独立性和适应能力低的特点，即国际战略。选项D正确。

19. 答案：B

解析：掌握资源订单式生产、订单生产式生产和库存生产式生产的含义。其中，资源订单式生产是指企业仅在需要时才购买所需材料并开始生产所需的产品或提供所需的服务；订单生产式生产是指企业对未来需求的上涨非常有信心，从而持有为满足未来订单所需的一种或多种资源的存货；库存生产式生产是指企业在收到订单之前就开始生产产品或提供服务。

20. 答案：D

解析：企业全面风险管理具有战略性、全员化、专业性、二重性和系统性的特征，需理解各个特征的含义。其中，二重性是指企业既要管理纯粹风险，也要管理机会风险。

21. 答案：B

解析：按照合作性和坚定性二维坐标来描述企业某一利益相关者在企业战略决策与实施过程中的行为模式，可分为对抗、协作、规避、和解、折中五种。和解是不坚定行为与合作行为的组合，一方利益相关者面对矛盾与冲突时，设法满足对方要求，题目中总公司放弃重组决定，属于和解策略。

22. 答案：D

解析：在任务导向型企业文化中管理者关心的是不断地和成功地解决问题。采用的组织结构往往是矩阵式。实现目标是任务导向型企业的主导思想。企业强调的是速度和灵活性，专长是个人权力和职权的主要来源，并且决定一个人在给定情景中的相对权力。常见于新兴产业中的企业，特别是一些高科技企业。

23. 答案：A

解析：选项 A 属于资产管理存在的风险，其他选项均属于工程项目需关注的风险。

24. 答案：D

解析：选项 A，“内部控制有效性的结论：对不存在重大缺陷的情形，出具评价期末内部控制有效结论；对存在重大缺陷的情形，不得做出内部控制有效的结论”，所以选项 D 错误。

二、多项选择题

1. 答案：BD

解析：选项 A 属于后向一体化战略，选项 B 属于相关多元化，选项 D 属于非相关多元化，选项 C 属于市场开发战略。

2. 答案：ACD

解析：选项 A 体现的是钻石模型中的需求条件因素，选项 B 体现的是宏观环境分析中的政治因素，选项 C 体现的是钻石模型中的生产要素，选项 D 体现的是企业战略、企业结构和同业竞争。

3. 答案：AB

解析：本题考核产品生命周期。乙公司所处产业规模稳中有降，消费者对产品的要求较高，由此可以判断处于成熟期。成熟期的主要战略路径是提高效率，降低成本。

4. 答案：BC

解析：根据题目描述，光耀公司采用的预算方法为增量预算。选项 A，属于零基预算的优点；选项 D，属于零基预算的缺点。选项 B 和选项 C 是增量预算的缺点，符合题意。

5. 答案：CD

解析：本题考核多元化的相关知识。从白色家电进入黑色家电领域属于相关多元化战略，进入 IT 业、房地产业属于非相关多元化战略。

6. 答案：BD

解析：“国内零售企业海川公司与主营大数据业务的出云公司签订战略合作协议”说明该合作形式为契约式战略联盟。选项 B、D 正确。选项 A、C 属于股权式战略联盟的特点。

7. 答案：AB

解析：由中豪伟业是一家制造家电零部件的公司可以判断该并购属于产业资本并购，其由家电零部件制造向家电整体制造和销售领域进军属于纵向并购中的前向并购，中豪伟业以自有资金收购了 Y 公司属于非杠杆收购。

8. 答案：BC

解析：根据财务战略矩阵，当投资资本回报率超过资本成本时，属于增值型现金短缺或增值型现金剩余业务。

9. 答案：ABC

解析：在消费者细分市场时，主要考虑的细分变量包括：（1）地理细分；（2）人口细分；（3）心理细分；（4）行为细分；选项 D 属于产业市场细分的依据。

10. 答案：ABD

解析：行业内竞争者的竞争强度指行业现有竞争者之间的竞争程度。行业增长缓慢，现有的企业间争夺既有市场份额的竞争就会变得激烈；退出壁垒高，使现有企业难以退出某行业的障碍大，会令同业的竞争激烈化；如果产品缺乏差异性或具有标准化，购买商可轻易转换供应商，产品转换成本小，则供应商之间会相互竞争。

11. 答案：ABD

解析：本题考查对价值链分析相关内容的理解，战略实施的成功与否受很多因素的影响，选项 C 是错误的。

12. 答案：BC

解析：该公司主营定向爆破业务，向爆破拆除与拆除现场清理的一揽子承包工程拓展属于产品开发战略。向承揽矿山采掘爆破、筑路土方爆破业务拓展属于市场开发战略。

13. 答案：CD

解析：本题考查可持续增长率与销售增长率之间的关系。

14. 答案：BC

解析："生产农用运输车辆的江陵公司将柴油发动机的生产授权给一个供应商"属于由供应商负责交付一个完整的子部件，选项 A 属于多货源策略的优点。竞争者能够使用相同的外部企业，因此企业在货源上不太可能取得竞争优势，选项 D 错误。

三、简答题

1. 答案：

（1）采购业务需关注的主要风险：

①采购计划安排不合理，市场变化趋势预测不准确，造成库存短缺或积压，可能导致企业生产停滞或资源浪费。(1.3 分)

②供应商选择不当，采购方式不合理，招投标或定价机制不科学，授权审批不规范，可能导致采购物资质次价高，出现舞弊或遭受欺诈。(1.4 分)

③采购验收不规范，付款审核不严，可能导致采购物资、资金损失或信用受损。(1.3 分)

【该题针对"内部控制的应用——采购业务——主要风险"知识点进行考核】

（2）关键控制点是采购，控制措施如下：

①请购与审批控制。企业应当建立采购申请制度，依据购买物资或接受劳务的类型，确定归口管理部门，授予相应的请购权，明确相关部门或人员的职责权限及相应的请购和审批程序。(1 分)

②供应商管理。企业应当建立科学的供应商评估和准入制度，确定合格供应商清单，与选定的供应商签订质量保证协议，根据评价结果对供应商进行合理选择和调整。(1 分)

③采购过程的管理。企业应当建立采购物资定价机制，采取协议采购、招标采购、谈判采购、询比价采购等多种方式合理确定采购价格。合理选择采购方式，并依据采购合同中确定的主要条款跟踪合同履行情况。(1 分)

④采购验收管理。企业应当建立严格的采购验收制度，确定检验方式，由专门的验收部门对采购项目的品种、规格、数量、质量等相关内容进行验收，出具验收证明。(1 分)

【该题针对"内部控制的应用——采购业务——主要风险"知识点进行考核】

2. 答案：

（1）益强公司上市后面对的市场风险：

①产品或服务的价格及供需变化带来的风险。“受2008年美国次贷危机和2011年欧债危机影响，欧美国家和地区纷纷大幅削减甚至取消光伏补贴，光伏产品国际市场需求急剧萎缩”“而全行业的非理性发展已经导致产能严重过剩，市场供大于求，企业间开始以价格战展开恶性竞争，利润急速下降，甚至亏损”。

②主要客户、主要供应商的信用风险。“同时，在海外大量投资电站致使公司的应收账款急速增加。欧盟经济低迷，海外客户还款能力下降，欧元汇率下跌”。

③税收政策和利率、汇率、股票价格指数的变化带来的风险。“存货跌价损失、汇兑损失坏账准备的计提使严重依赖海外市场的益强公司出现大额亏损”。

（2）益强公司上市后存在的战略风险：

发展战略过于激进，企业实际能力或偏离主业，可能导致企业过度扩张，甚至经营失败。“2010年11月益强公司挂牌上市。在资本市场获得融资的同时，益强公司开始了激进的扩张之路，从横向看，为了扩大市场份额，益强公司在欧美多个国家投资或设立子公司；从纵向看，益强公司布局光伏全产业链，实施纵向一体化发展战略，由产业中游的组件生产，延伸至上游的硅料和下游的电站领域。益强公司还大举投资房地产、炼油、水处理和LED显示屏等项目”。

（3）益强公司资金活动中存在的主要风险：

①筹资决策不当，引发资本结构不合理或无效融资，可能导致企业筹资成本过高或债务危机。“益强公司在上市后三年内，通过各种手段融资近70亿元。在这种情况下，益强公司仍执着于多方融资扩大产能，致使产品滞销库存积压”。

②投资决策失误，引发盲目扩张或丧失发展机遇，可能导致资金链断裂或资金使用效益低下。“公司把融资筹措的大量短期资金投放于回款周期很长的电站项目，投资回报期和债务偿付期的错配使公司的短期还款压力巨大，偿债能力逐年恶化”。

③资金调度不合理、营运不畅，可能导致企业陷入财务困境或资金冗余。“2010年公司的流动比率为3.165，到了2013年只有0.546。公司资金只投不收的模式使现金流很快枯竭”。

3. 答案：

（1）甲汽车公司与乙公司共同组建了新联合汽车公司，双方股权各占50%，判断采取的是合资企业的形式。（3分）合资企业是战略联盟最常见的一种类型，是指将各自不同的资产组合在一起进行生产，共担风险和共享收益。（1分）

【该题针对“企业战略联盟——企业战略联盟形成的动因”知识点进行考核】

（2）企业战略联盟形成的动因：促进技术创新、避免经营风险、避免或减少竞争、实现资源互补、开拓新的市场和降低协调成本。（1分）

双方通过合作，乙公司能够在合资企业中直接观察日本汽车的生产方式，可以从甲公司获得小型车生产技术、改善车间管理经验以及稳定的供销关系。而甲公司则可以学习如何在美洲地区直接管理一家工厂，积累在美国的海外运作经验，通过战略联盟最终可以达到资源共享、优势互补的效果，所以甲公司和乙公司进行战略联盟的动因是实现资源互补，最终达

成双赢。(3 分)

4. 答案：

(1) 纵向分工是指企业高层管理人员为了有效地贯彻执行企业的战略，选择适当的管理层次和正确的控制幅度，并说明连接企业各层管理人员、工作以及各项职能的关系。在纵向分工中，基本有两种形式：一是高长型组织结构；二是扁平型组织结构。

高长型组织结构是指具有一定规模的企业内部有很多管理层次。在每个层次上，管理人员的控制幅度较窄。

扁平型组织结构是指具有一定规模的企业内部管理层次较少。在每个层次上，管理人员的控制幅度较宽。

甲公司员工人数达到 2 000 多人，只有三个层次，即经理层、部门、一线员工，因此属于扁平型组织结构。

(2) 甲公司为单体公司，采用传统型组织结构，设置了采供部、生产部、市场部、销售部（按省区下设办事处）和新产品研发部、财务部、行政人事部，因此甲公司横向分工组织结构类型为职能制结构。

职能制组织结构的优缺点：

优点：

①能够通过集中单一部门内所有某一类型的活动来实现规模经济，如甲公司的销售部专门负责各区域的销售工作；

②有利于培养职能专家，比如专门设置的市场部，对企业市场信息的搜集分析、公司市场战略规划；

③由于任务为常规和重复性任务，从而提高工作效率，比如采供部专事采购和供应；

④有利于董事会监控各个部门。

缺点：

①由于对战略重要性的流程进行了过度细分，在协调不同职能时可能出现问题；

②难以确定各项产品产生的盈亏；

③导致职能间发生冲突、各自为政；

④集权化的决策制定机制会放慢反应速度。

(3) 平衡计分卡是从财务角度、顾客角度、内部流程角度、学习与创新角度四个方面衡量企业，它平衡了短期与长期业绩、内部与外部业绩、财务与非财务业绩以及不同利益相关者之间的关系。

对甲公司的建议：甲公司采用财务和非财务作为业绩考核指标，可以参考平衡计分卡，对业绩考核指标进行补充。

从财务角度，建议补充销售毛利率反映企业产品本身的盈利能力；补充投资回报率有利于投资者评估和比较投资回报；补充存货周转率和应收账款周转天数来反映企业运营效率。

从顾客角度，建议补充客户投诉次数，从而反映已售产品的质量问题，并为客户提供意见反馈渠道。

从创新和学习角度，建议补充新产品占销售额的比重等指标。

从内部流程角度，建议补充人均产量或人均销售额指标，以便对生产、销售部门进行业绩考核。

（4）预算有两种类型，一种是增量预算，指新的预算使用以前期间的预算或者实际业绩作为基础来编制，在此基础上增加相应的内容。另一种是零基预算，指在每一个新的期间必须重新判断所有的费用。

该公司要求每个部门在考虑未来实际支出需要的基础上重新编制本部门预算，因此属于零基预算。

该种预算编制办法的优点：

①能识别和去除不充分或者过时的行动，因为甲公司要求每个部门在考虑未来实际支出需要的基础上编制预算，完全是按需支出；

②能促进更有效的资源分配，按需编制的预算对资源的配置更为有效；

③需要广泛的参与，从零开始编制预算需要全体员工共同参与，这样也保证了预算的全面性；

④能够应对环境的变化；

⑤鼓励管理层寻找替代方法。

缺点：

①它是一个复杂的耗费时间的过程；

②它可能强调短期利益而忽视长期目标；

③管理团队可能缺乏必要的技能，容易导致甲公司无法按时按质完成预算。

四、综合题

答案：

（1）《企业内部控制应用指引第4号——社会责任》中，对企业应履行的社会责任进行界定。如果企业不能实现自身的社会责任，将会面临如下风险：一是安全生产措施不到位，责任不落实，可能导致企业发生安全事故；二是产品质量低劣，侵害消费者利益，可能导致企业巨额赔偿、形象受损，甚至破产；三是环境保护投入不足，资源耗费大，造成环境污染或资源枯竭，可能导致企业巨额赔偿、缺乏发展后劲，甚至停业；四是促进就业和员工权益保护不够，可能导致员工积极性受挫，影响企业发展和社会稳定。

（2）企业文化可以通过三个途径为企业创造价值：一是企业文化简化了信息处理，企业文化中的价值观、行为准则和相应符号，可以使员工的活动集中于特定的、有范围的安排之中，这可减少决策制定的成本并促进工作的专门化，也使得一起工作的员工能分享对其工作的一系列预期，减少了不确定性；二是企业文化补充了正式控制，企业文化作为集体的价值观和行为准则，能够对企业员工发挥一定的控制功能，调整他们的个人目标和行为，使之更加符合企业的目标和行为；三是企业文化促进合作并减少讨价还价成本，企业文化通过“相互强化”的道德规范，减轻企业内权力运动的危害效应，促进企业内部各部门、各成员间的相互合作。

（3）多元化的风险：一是来自原有经营产业的风险，企业的资源总是有限的，多元化经营往往意味着原有经营的产业要受到削弱；二是市场整体风险，市场经济中的广泛关联性决定了多元化经营的各产业仍面临共同的风险；三是产业进入风险，企业进入新产业后，需不断注入后续资源，塑造企业品牌，同时来自新领域竞争者的威胁也是面临的潜在风险；四是产业退出风险，如果企业深陷一个错误的投资项目却无法做到全身而退，那么很有可能导致企业全军覆没；五是内部经营整合风险，新投资的业务会通过财务流、物流、决策流、人事流给企业以及企业既有产业经营带来全面影响。

（4）H公司平台化转型符合价值网模型思想。价值网模型是由利益相关者之间相互影响而形成的价值生成、分配、转移和使用的关系及其结构；价值网络强调建立一个“以顾客为中心”的价值创造体系，通过充分整合价值网络中相关成员的价值创造能力，更好地满足顾客个性化需求；价值网成员建立的相互关系不是零和博弈下的背弃式竞争，而是基于双赢思想的紧密合作；成员公司之间建立的合作关系能够实现核心能力优势互补，共担风险和成本，共享市场和顾客忠诚。

2020年注册会计师全国统一考试
《公司战略与风险管理》全真模拟试题（八）

一、单项选择题（本题型共24题，每题1分，共24分。每题只有一个正确答案，请从每题的备选答案中选出一个你认为正确的答案）

1. G公司是一家大型旅游企业，一直以“创建世界著名旅游品牌”为己任。这体现了G公司的（　　）。

A. 使命　　B. 目标　　C. 战略　　D. 计划

2. 纳爱斯集团曾经提出“让雕牌洗衣粉一统天下”的宏伟目标，但是洗衣粉市场竞争日益激烈，越来越多的竞争者进入，下列不属于其产品替代品的是（　　）。

A. 汰渍洗衣粉　　B. 奥妙洗衣粉　　C. 立白肥皂　　D. 洗洁精

3. 一家出版公司雇用一批兼职编辑、校对人员，在公司接到大批图书编写工作时可以随叫随到。此外，全职员工还可能在需要时加班工作或进行轮班。该公司采取的平衡产能与需求的方法是（　　）。

A. 资源订单式生产　　B. 订单生产式生产　　C. 库存生产式生产　　D. 以上都不对

4. 近年来中国公民出境游市场处于高速发展的阶段，实行多元化经营的鸿湖集团于2006年成立了甲旅行社，该旅行社专门提供出境游的服务项目，其市场份额位列第二。根据波士顿矩阵原理，鸿湖集团的甲旅行社业务属于（　　）。

A. 明星业务　　B. 瘦狗业务　　C. 问题业务　　D. 现金牛业务

5. 企业在产业内具有较强的竞争优势，而该产业的成长性或吸引力逐渐下降，较为现实的选择是（　　）。

A. 暂停战略　　B. 相关多元化战略

C. 非相关多元化战略　　D. 一体化战略

6. 在通用矩阵的9个方格中，处于左上方三个方格的业务适合采取的战略是（　　）。

A. 维持或收割战略　　B. 增长与发展战略

C. 停止、转移、撤退战略　　D. 维持或有选择地发展的战略

7. 某企业拥有业内领先的智能手机生产技术，资金实力雄厚。在经济危机期间，国际市场需求疲软，根据SWOT模型，该企业应采用的战略为（　　）。

A. 防御型战略　　B. 增长型战略　　C. 扭转型战略　　D. 多种经营战略

8. 企业需要管理的主要市场风险为（ ）。

A. 环境风险、利率风险、汇率风险　B. 利率风险、汇率风险、商品价格风险

C. 政治风险、环境风险、商品价格风险　D. 产品风险、利率风险、汇率风险

9. 甲公司在实施全面风险管理过程中，注重加强法制教育，增强董事、监事、经理及其他高级管理人员和员工的法制观念，严格依法决策、依法办事、依法监督。甲公司的上述做法所涉及的内部控制要素是（ ）。

A. 控制环境　B. 风险评估　C. 监控　D. 控制活动

10. 近年来新能源汽车产业及市场迅猛增长。国内汽车制造商华新公司于 2018 年进入新能源汽车制造领域，但是受技术和管理水平制约，其产品性能欠佳，市场占有率较低。根据 SWOT 分析，该公司应采取的战略是（ ）。

A. 增长型战略　B. 多元化战略　C. 防御型战略　D. 扭转型战略

11. 飞翔公司是国内一家奶粉生产企业。近年来，很多具有品牌优势的国外奶粉制造商纷纷涉足中国市场，竞争十分激烈。飞翔公司为了自身的长期发展，与新西兰乳品巨头甲公司结成战略联盟，双方以 50%：50% 的股权比例合资成立一家新的公司，产品从奶粉扩展到各类奶制品。从战略选择角度看，飞翔公司扮演的角色可称为（ ）。

A. 防御者　B. 躲闪者　C. 抗衡者　D. 扩张者

12. 科环公司计划在某市兴建一座垃圾处理厂，并对占用土地的价格、垃圾处理收入和建设周期等不可控因素的变化对该垃圾处理厂内部收益率的影响进行分析。科环公司采取的风险管理方法是（ ）。

A. 马尔科夫分析法　B. 失效模式影响和危害度分析法

C. 情景分析法　D. 敏感性分析法

13. 甲公司是一家大型跨国企业，在世界范围生产和销售同一类型和质量的产品，其将产品研发部门设在美国，生产制造部门设在中国，以最大限度地获取低成本竞争优势，这种国际化经营行为属于（ ）。

A. 本土化战略　B. 多国化战略　C. 全球化战略　D. 跨国化战略

14. 2016 年，多年成功经营的啤酒生产企业宝泉公司投资新建了一家果蔬饮料生产企业，但因管理不善出现持续亏损。最近宝泉公司组织果蔬饮料生产企业的管理人员到本公司的啤酒生产企业调研、学习，收效良好。宝泉公司所实施的基准分析的类型属于（ ）。

A. 顾客基准　B. 一般基准　C. 内部基准　D. 竞争性基准

15. 当某个业务单元的投资资本报酬率小于资本成本并且可持续增长率小于销售增长率时，应当优先采用的战略是（ ）。

A. 降低资本成本　B. 提高财务杠杆　C. 分配剩余现金　D. 出售该业务单元

16. 夏阳公司是一家打印机生产企业，打印机外壳的压塑成型采用流水线作业，公司制定了完善的流水线生产作业标准，工人在生产过程中根据既定的标准进行生产和检验产品。由此可知，夏阳公司采用的协调机制属于（ ）。

A. 直接指挥控制　B. 工作过程标准化　C. 工作成果标准化　D. 技艺标准化

17. 甲企业是一家信息化服务提供商，主要为企业提供各类信息系统的设计及开发工作，企业设有人力资源部、技术开发部、市场开发部、售后服务部等职能部门，在实际运作中，由于信息化项目需要多部门密切协作，甲企业以项目为基础，成立多个项目组，项目组

成员从各职能部门抽调。由此可知，甲企业采用的横向分工结构类型属于（　　）。

A. SBU组织结构　　B. 职能制组织结构

C. 事业部制组织结构　　D. 矩阵制组织结构

18. 甲公司是我国一家大型煤炭企业，近年来受我国节能减排、绿色发展理念的冲击，国内煤炭需求持续下跌，甲公司不得不采取收缩战略。根据上述描述，甲公司采用收缩战略的原因是（　　）。

A. 外部原因　　B. 大企业战略重组的需要

C. 小企业的短期行为　　D. 企业失去竞争优势

19. 面对国外著名医药公司在中国市场不断扩张，多年从事药品研发、生产和销售的康达公司为了自身的长期发展，把药品的生产和销售业务转让给其他公司，同时与国外某医药公司合作专注于新药品的研发业务。从本土企业战略选择的角度看，康达公司扮演的角色可称为（　　）。

A. 防御者　　B. 扩张者　　C. 抗衡者　　D. 躲闪者

20. 在零散产业中进行战略选择时，下列做法错误的是（　　）。

A. 保持严格的战略约束力　　B. 避免对新产品做出过度反应

C. 避免过分集权化　　D. 积极寻求支配地位

21. 甲公司是我国国有煤炭企业之一，资金实力雄厚。为拓展海外业务，收购了澳大利亚乙矿业公司，初期经营效果良好。但就在此时，甲公司收到了澳大利亚当地法院的判决，要求甲公司对先前乙公司发生的一起重大煤矿透水事故进行巨额赔偿，甲公司的海外经营由此陷入困境，并购以失败告终。根据以上信息，判断甲公司在并购中失败的原因是（　　）。

A. 跨国并购面临政治风险　　B. 决策不当

C. 并购后不能进行很好的整合　　D. 支付过高的并购费用

22. 与波特观点不同，克利夫·鲍曼提出的战略钟体系认为，企业可以在为顾客提供更高认可价值的同时获得成本优势，即采取混合战略。下列描述中，不属于混合战略原因的是（　　）。

A. 提高产品价格的同时，降低产品的用户认可价值

B. 提供高质量产品的公司会增加市场份额，进而降低产品平均成本

C. 生产高质量产品的经验累积降低成本的速度比生产低质量产品快

D. 注重提高生产效率可在高质量产品的生产过程中降低成本

23. 以下关于内部控制缺陷的表述，错误的是（　　）。

A. 对存在内部控制缺陷的情形，内部控制评价报告不得做出内部控制有效结论

B. 物资采购申请金额已超其采购权限，却未向上级公司申请安排大宗物品采购属于运行缺陷

C. 未建立定期的现金盘点程序属于设计缺陷

D. 重大缺陷应当由董事会予以最终确认

24. 担保业务流程中，企业应关注各环节的风险控制点，包括受理申请、调查评估、审批、签订担保合同、进行日常监控等环节。以下审批阶段可采取的控制措施中错误的是（　　）。

A. 在授权范围内进行审批，不得超越权限审批

B. 对重大担保业务应当报董事会批准

C. 企业内设机构可以自由办理金额较小的担保业务

D. 企业为关联方提供担保时，与关联方存在经济利益或近亲属关系的有关人员在评估与审批环节应当回避

二、多项选择题（本题型共14题，每题1.5分，共21分。每题均有多个正确答案，请从每题的备选答案中选出你认为正确的所有答案。每题所有答案选择正确的得分，不答、错答、漏答均不得分）

1. 下列各项中，不属于终极股东对于中小股东的“隧道挖掘”问题的表现的有（　　）。

A. 直接占用资源

B. 通过关联交易进行利益输送

C. 工资、奖金等收入增长过快

D. 经营过于稳健、缺乏创新

2. 下列关于成功关键因素的说法中，正确的有（　　）。

A. 成功关键因素是指公司在特定市场获得盈利必须拥有的技能和资产

B. 成功关键因素随着产业的不同而不同，相同产业中的企业的成功关键因素是相同的

C. 同一个产业中的不同企业对该产业的成功关键因素的侧重可能是不同的

D. 成功关键因素是企业取得产业成功的前提条件

3. 成本领先战略的风险包括（　　）。

A. 投资的生产设备由于技术的变革而过时

B. 企业未能觉察顾客偏好的改变

C. 竞争者可能会模仿企业战略

D. 购买者开始关注价格以外的产品特征

4. 甲公司某年的投资回报率为5%，销售增长率为10%，经测算甲公司的加权平均资本成本为8%，可持续增长率为6%。在上述情况下，甲公司应选择的财务战略有（　　）。

A. 彻底重组　　B. 改变财务政策　　C. 提高资本回报率　　D. 出售

5. 某公司由于市场竞争激烈，导致整个市场容量下跌，同时公司内部经营机制不顺、决策失误、管理不善等原因，公司在其业务市场难以为继，不得不采用防御措施。下列选项中，适合该公司战略采用的方式有（　　）。

A. 削减人工成本

B. 调整营销策略，在价格、广告等环节推出新的举措

C. 收购竞争对手企业

D. 将该业务卖出

6. 下列各项中，属于平衡计分卡特点的有（　　）。

A. 使企业完全没有信息负担　　B. 为企业战略管理提供强有力的支持

C. 提高企业整体管理效率　　D. 提高企业激励作用

7. 某连锁饭店规定：饭店8万元以下的开支，各分店店长享有审批权限；普通一线员工可根据顾客的需求和消费情况决定是否赠送果盘。根据组织纵向分工结构集权与分权理

论，该连锁饭店采用这种组织方式的优点有（ ）。

A. 易于协调各职能间的决策　　B. 能够对一线员工产生激励效应

C. 提高饭店对用户需求的反应能力　　D. 降低管理成本

8.（ ）等属于行业进入壁垒。

A. 供应商讨价还价能力　　B. 预期的竞争者的报复

C. 规模经济　　D. 品牌忠诚度

9. 京川餐饮公司近期实行了新的经营方式，顾客既可以按照公司提供的菜谱点餐，也可以自带菜谱和食材请公司的厨师加工烹饪，还可以在支付一定学习费用后在厨师指导下自己操作，从而在享受美食的同时提高厨艺。这些新的经营方式使该公司的顾客数量和营业收入均增长20%以上。从密集型战略角度看，京川餐饮公司的上述做法属于（ ）。

A. 市场渗透战略　　B. 集中化战略　　C. 一体化战略　　D. 产品开发战略

10. 企业要有效地选择最佳和可行的风险管理策略。下列选项中，针对企业风险管理策略描述错误的有（ ）。

A. 风险转移可以在低成本或者无成本的情况下达到目的

B. 各方面相似的企业即使处于不同行业，其风险偏好也是相似的

C. 重大风险的风险偏好是企业的重大决策，应由总经理决定

D. 风险偏好和风险承受度应定量

11. 可以同时符合股东和债权人期望的财务风险与经营风险的搭配有（ ）。

A. 低经营风险与低财务风险搭配　　B. 高经营风险与高财务风险搭配

C. 高经营风险与低财务风险搭配　　D. 低经营风险与高财务风险搭配

12. 研发和生产家用滤水壶的汇康公司秉承“使员工幸福，让顾客满意”的理念，建立并持续实施了一套以顾客需求为导向、充分调动员工积极性的管理体制，使该公司的技术发明专利数量、盈利率和顾客满意率长期稳居行业前列，显示出难以模仿的竞争优势。汇康公司的资源不可模仿性主要表现为（ ）。

A. 物理上独特的资源　　B. 具有路径依赖性的资源

C. 具有因果含糊性的资源　　D. 具有经济制约性的资源

13. 甲公司是一家净化器生产企业。下列关于风险管理的措施中，属于风险规避的有（ ）。

A. 甲公司停止生产可能存在安全隐患的产品

B. 甲公司与银行签订应急资本协议，当火灾发生时，由银行提供资本保证公司的持续经营

C. 甲公司不与质次价高的供应商合作

D. 甲公司为降低风险，开始实施多元化经营

14. 甲公司是美国一家净水器生产企业，目前正考虑是否将区域生产总部设在我国东部沿海某市，甲公司管理层希望在制定决策前了解此项计划获得我国政府批准的可能性及其对公司未来经营的影响，同时甲公司管理层也考虑将区域生产总部设在其他国家如印度的可能性，并对比分析两方案的风险和回报。在甲公司管理层的上述分析中，可采用的定量风险管理技术与方法有（ ）。

A. 头脑风暴法　　B. 德尔菲法　　C. 决策树法　　D. 情景分析法

三、简答题（本题型共 4 小题 30 分。其中一道小题可以选用中文或英文解答，请仔细阅读答题要求。如果用英文解答，须全部使用英文，答题正确的，增加 5 分。本题型最高得分为 35 分。在答题卷上解答，答在试题卷上无效）

1.（本小题 6 分，可以选用中文或英文解答，如使用英文解答，须全部使用英文，答题正确的，增加 5 分，最高得分为 11 分）

美华公司是一家民营高科技企业，专门研发、生产和销售智能手机主板。经过多年的发展，公司产品在国内占有率达到 30%，并拥有 5 家控股子公司，总经理由职业经理人担任。公司的实际控制人王某深感内部控制制度的建立健全对公司可持续发展的重要性。为此，公司在办公大楼安装了 24 小时监视系统及门禁系统，为贵重资产采取了双重保管制度（即必须两人同时出现才能取得某些资产）。为促进公司的可持续发展，公司特别重视对员工的培养，为此公司建有一套完备的员工业绩评价体系，并将考评结果作为确定员工薪酬以及晋升、评优的依据。

美华公司除建立以上制度外，在日常经营过程中还建立了如下制度：

（1）为了加强资金管理，公司规定单笔资金使用在 10 万元以下的，由财务总监审批，单笔资金使用在 10 万元以上的，由总经理审批。

（2）出纳人员张某负责根据资金收付凭证登记日记账，会计于某根据相关凭证登记有关明细账和总账。

（3）公司建立了完善的采购制度，采购需求方提出申请，由相关权限部门或个人进行审批。对预算内的采购，严格按预算执行进度办理手续；对于超预算的采购申请，在办理请购手续后，报相关权限部门或个人审批。

要求：

（1）简述美华公司上述制度涉及的控制活动。

（2）结合《企业内部控制应用指引》，简要分析美华公司制度建设中存在的内部控制缺陷和相关的应对措施。

2.（本小题 8 分）

我国某跨国公司生产一种特效护肤的日用品，经过几年的发展，已经成为国内市场占有率最大的企业。在企业发展的过程中，发现国内市场已经饱和，其规模已经很难满足企业进一步的发展，该企业领导人将眼光投向了近邻东南亚国家，发现在这些东南亚国家市场上尚无与本企业类似的产品，而消费者对这种产品有较高的需求，随即决定进军这些东南亚国家。

（1）简要分析该企业进军这些东南亚国家市场的动因。

（2）在企业国际化过程中，除了上面的动因之外，还有哪些动因存在？

（3）简述发展中国家跨国公司对外投资的主要竞争优势。

3.（本小题 8 分）

2000 年以来，随着国内经济的快速发展、居民生活水平的提高以及人口老龄化的加剧，国内市场对医药产品的需求快速增长，世界著名医药跨国公司纷纷进入国内市场。

神农医药公司是国内一家生产和经销药品及医疗器械的企业由于缺乏拥有自主知识产权的药品，多年来以生产仿制药为主；其生产的医疗器械科技含量较低，难以满足用户对高科技医疗器械的需要，国内高科技医疗器械市场基本被进口产品占领。神农医药公司的管理层通过对进行的深入分析认识到，与国外跨国公司相比，自己在规模及利润两个方面存在着巨大差距，在研发经费的投入方面差距更大。如 2012 年，神农公司投入的研发费用占营业收入的比重为 2.3%，而国外一家同类企业 Y 公司投入的研发费用占营业收入的比重高达 19%。此外，神农公司还存在着专业化程度和品牌认知度较低等问题。上述种种差距不仅在国内市场上面临国外跨国公司的巨大挑战，而且进入国际市场步履维艰。

2013 年初，神农公司管理层制定并实施了新的发展战略。新战略的核心是设立若干个中小型医药高科技分公司，每个分公司相对独立经营，有的专攻国外跨国关注的盲区（如罕见病、特殊需求），在产品上逐渐形成自己的特色；有的通过承接国外跨国公司医药研发外包业务将业务重点转向价值链的研发环节；还有的着力于将自身具有相对优势的本土医药产品拓展至周边欠发达国家和地区。几年来，神农公司在国内市场与跨国公司的较量中，注重向跨国公司学习，合理整合和运用国内外优势资源，克服自身技能和资本匮乏的缺陷，以期发展为实力强大的大型跨国企业，在国内外市场上与国外跨国医药公司展开真正的较量。

要求：

（1）依据“进入障碍”中几种主要“结构性障碍”，简要分析神农公司进入国际市场举步维艰的主要原因。

（2）依据新兴市场本土企业战略选择理论，简要分析神农公司面对跨国公司的大规模进入和挑战所做出的战略选择。

4.（本小题 8 分）

随着社会消费水平的提高与消费观念的转变，酒店行业中高端消费的市场越来越大。专注于三四线城市经济连锁酒店经营的优尚公司意识到，不同消费群体有不同的消费需求，酒店行业细分已成为未来的大趋势；仅仅集中于三四线城市经营经济型酒店将面临新的风险。优尚公司开始拓展业务与品牌，进军中高档酒店，不断挖掘投资者及细分人群的需求，兼顾投资者和消费者利益，寻求最佳平衡点。

2015 年 7 月，优尚公司对外发布三大新酒店品牌，标志着公司开始着手中高档酒店品牌建设。为了设计出成本低、质量好，又能确保加盟商能盈利的产品，几年来，优尚公司推出一系列创新模式。

（1）“投一产多”的运营模式。除了经营酒店住宿业外，还开展了辅助业务，如在酒店大堂开设蛋糕店、面吧，在房间销售毛巾、浴巾等产品。运营一年后，酒店辅助业务的盈利远远超过住宿业务的盈利。“投一产多”运营模式比传统运营模式酒店多 35% 的收益。

（2）“住酒店可以不花钱”。与“投一产多”运营模式相配套，优尚公司为顾客构建了一个生活分享平台：大堂的沙发、灯具、各种装饰，以及客房的床垫、靠枕、床单、小摆件、毛巾、浴巾、洗浴用品、水杯、家具甚至壁纸，顾客只要是体验后喜欢的，都可以通过手机扫描二维码下单购买。顾客只要购买等同房价的物品，就可以免收房间费用，优尚公司这一举措的基本思路是，家居用品行业大约有 50% 的毛利，但生产厂家净利不超过 5%，因为销售过程中会产生仓储、商场展示、扣点、物流等费用。如果家居用品生产厂家把酒店作为一个商场来展示和销售商品，就会节约所有铺货的费用，那么只需从 50% 的毛利中拿出一部分补贴酒店，就可以收到双赢的效果。

（3）打造互联网智能公寓。优尚公司将旗下的中高档酒店蓝港公寓定位于互联网智能公寓，引领时代潮流。公司引入O2O（即online线上和offline线下）模式和酒店式标准化管理，推广“住宿、社交、管家式生活服务”的酒店模式。智能酒店系统可以远程调控客房里的温度、灯光模式、音乐、空气温度与洁净度；移动设备可无线连接智能电视，实现双屏互动。智能化体验为投资者和消费者带来更多的惊喜和便利。

（4）与生产经营家电、金融、旅游、家居、智能门锁的五大行业巨头达成品牌合作。通过强强联合，增加信用住宿、无息贷款、投资扶持、微信开锁等功能，优尚公司的酒店生态更加开放，为酒店行业发展探索新的契机。

要求：

（1）依据市场营销战略目标市场选择理论，简要说明优尚公司在2015年前后目标市场选择类型的变化。

（2）依据蓝海战略重建市场边界的基本法则（开创蓝海战略的途径），简要分析优尚公司在中高档酒店品牌建设中开创新的生产发展空间的路径。

四、综合题（本题型共1题，25分。在答题卷上解答，答在试题卷上无效）

R. 卡普兰·加德士公司是一家炼油公司，它通过自己旗下的加德士加油站出售自己的产品。加德士公司进行了市场调研后认为汽油市场60%的份额由“服务导向性客户”占领。这些客户属于中高收入阶层，当加油站能够提供优秀的客户服务，如整洁的设施、便利店、态度友好的员工、快速服务、能够用信用卡付款以及提供优质高辛烷汽油时，他们愿意支付较高的汽油价格。剩余40%的市场份额由那些寻找最廉价汽油的“货比三家者”组成。加德士的战略是以60%的服务导向型客户为主要目标。加德士2010年度平衡计分卡如下。简洁起见，我们省略了为实现每个目标而采取的计划。

目标	衡量指标	目标业绩	实际业绩
财务方面： 增加股东价值	①价格回升导致经营收入的变化 ②增长导致经营收入的变化	$90 000 000 $65 000 000	$95 000 000 $67 000 000
客户方面： 提高市场份额	①占整个汽油市场的市场份额	10%	9.8%
内部业务流程方面： 提高汽油质量 提高炼油厂业绩 确保汽油可供性	①质量指数 ②炼油厂可靠性指数 ③产品可供性指数	94分 91% 99%	95分 91% 100%
学习和增长方面： 提高炼油厂流程能力	①具备先进控制能力的炼油厂流程比例	88%	90%

要求：

（1）加德士是否成功地实施了2010年的战略计划？请说明原因。

（2）你是否会在学习和增长方面增加一些有关员工满意度和员工培训的衡量指标？这些目标是否对加德士实施其战略至关重要？请简要说明你的理由。

（3）请说明为什么加德士在没有实现在整个汽油市场中的市场份额目标时依然实现了

其财务目标。“在整个汽油市场的市场份额”是否是市场份额的正确目标？请简要解释。

（4）改进内部业务流程方面的衡量指标和改进客户方面的衡量指标之间是否存在因果关系？换句话说，你是否会将客户方面的其他衡量指标添加到内部业务流程方面？请简要说明原因。

（5）你是否同意加德士的决定，在平衡计分卡的财务方面不包括生产率提高导致经营收入变化这一衡量指标？请简单说明原因。

2020年注册会计师全国统一考试
《公司战略与风险管理》全真模拟试题（八）
参考答案及解析

一、单项选择题

1. 答案：A

解析：企业使命是对企业“存在理由”的宣言，它要回答“我们的企业为什么要存在的问题”。目标、战略、计划相比较企业的使命，更加具体，而本题中的描述是比较抽象的，体现了企业存在的理由。选项A正确。

2. 答案：D

解析：本题考核替代品的相关知识。产品替代有两类，一类是直接产品替代，另一类是间接产品替代。选项A和选项B属于不同品牌的洗衣粉产品，属于直接产品替代。选项C属于间接产品替代。选项D不属于洗衣类产品，不属于雕牌洗衣粉的替代品。

3. 答案：B

解析：订单生产式生产是指在采用某些运营流程的情况下，企业可能对未来需求的上涨非常有信心，从而持有为满足未来订单所需的一种或多种资源的存货。

4. 答案：C

解析：本题考核“波士顿矩阵”的知识点。因为出境旅游处于高速发展阶段，而且甲旅行社的市场份额位列第二，说明具有高增长率，但相对市场占有率低于1，所以应该是问题业务。

5. 答案：B

解析：相关多元化战略企业以现有业务为基础进入相关产业企业，在产业内具有较强的竞争优势，而该产业的成长性或吸引力逐渐下降，非相关多元化战略企业进入与当前产业不相关的产业企业当前产业缺乏吸引力，而企业也不具备较强的能力和技能转向相关产品或服务。

6. 答案：B

解析：通用矩阵横轴表示企业竞争地位，分为强、中、弱三个等级；纵轴表示产业吸引力，分为高、中、低三个等级；处于左上方三个方格的业务竞争地位和产业吸引力均处于中上等水平，因此应采用增长与发展战略。

7. 答案：D

解析：SWOT分析在于识别企业外部环境的机会和威胁、内部环境的优势和劣势。对于外部存在机会，内部具有优势的情境（SO），应采用增长型战略；对于外部存在机会，但受内部劣势限制的情境（WO），应采取扭转型战略；对于外部环境存在威胁，内部具有优势的情境（ST），应采取多种经营战略；对于外部环境存在威胁，内部存在劣势的情境（WT），应采取防御型战略。

8. 答案：B

解析：政治风险、产品风险、环境风险属于经营风险。

9. 答案：A

解析：依据《企业内部控制基本规范》关于内部环境要素的要求：企业应当加强法制教育，增强董事、监事、经理及其他高级管理人员和员工的法制观念，严格依法决策、依法办事、依法监督，建立健全法律顾问制度和重大法律纠纷案件备案制度。

10. 答案：D

解析："近年来新能源汽车产业及市场迅猛增长"体现了外部环境中的机会（O），"受技术和管理水平制约，其产品性能欠佳，市场占有率较低"体现了内部环境中的劣势（W），即为扭转型战略。选项D正确。

11. 答案：B

解析：本题考核"本土企业的战略选择"的知识点。如果全球化压力大，企业就会面临更大的挑战。如果企业优势资源只能在本土发挥作用，企业就必须围绕仍有价值的本土资源，对其价值链的某些环节进行重组，以躲避外来竞争对手的冲击，从而保持企业的独立性。这类企业，我们称之为"躲闪者"。其战略定位是通过转向新业务或缝隙市场避开竞争。本题中飞翔公司选择与跨国公司建立合资、合作企业的方式改变自身的商业模式。

12. 答案：D

解析：敏感性分析是针对潜在的风险性，研究项目的各种不确定因素变化至一定幅度时，计算其主要经济指标变化率及敏感程度的一种方法。选项D正确。

13. 答案：C

解析：全球化战略，是指在全世界范围生产和销售同一类型和质量的产品或服务。企业根据最大限度地获取低成本竞争优势的目标来规划其全部的经营活动，它们将研究与开发、生产、营销等活动按照成本最低原则分散在少数几个最有利的地点来完成，但产品和其他功能则采取标准化和统一化以节约成本。

14. 答案：C

解析：蔬菜以及啤酒都属于宝泉公司的自身业务，属于内部基准。选项C正确。

15. 答案：D

解析：当某个业务单元的投资资本报酬率小于资本成本并且可持续增长率小于销售增长率时，属于减损型现金短缺，而在该种情况下应当出售相关的业务单元。

16. 答案：B

解析：工作过程标准化是指组织通过预先制定的工作标准，来协调生产经营活动，在生产之前，企业向职工明确工作内容，或对工作制定出操作规程及其规章制度，然后要求工作过程中所有活动都按这些标准进行，以实现协调。题目中夏阳公司的做法属于工作过程标准化，所以选项 B 正确。

17. 答案：D

解析：矩阵制组织结构是为了处理非常复杂项目中的控制问题而设计，其目标是充分利用企业中专门技术的结合，实现各部门之间的协作以及各项技能和专门技术的相互交融。

18. 答案：A

解析：收缩战略的外部原因是多种因素，如整体经济形势、产业周期、技术变化、政策变化、社会价值观或时尚变化、市场饱和、竞争行为等导致企业赖以生存的外部环境出现危机。甲公司采用收缩战略是受政策变化及社会价值观的影响，属于外部原因，所以选项 A 正确。

19. 答案：D

解析："把药品的生产和销售业务转让给其他公司，同时与国外某医药公司合作专注于新药品的研发业务"体现了躲闪者角色。选项 D 正确。

20. 答案：D

解析：零散产业独特的环境结构造成了一些特殊的战略陷阱，在零散产业中进行战略选择时要注意以下几个方面：（1）避免寻求支配地位；（2）保持严格战略约束力；（3）避免过分集权化；（4）了解竞争者的战略目标与管理费用；（5）避免对新产品做出过度反应。所以，选项 D 错误。

21. 答案：B

解析：甲公司在并购时没有充分了解到乙公司此前牵涉的诉讼案件，导致无法了解乙公司的潜在成本和收益，最终并购失败，属于决策不当造成的并购失败。所以选项 B 正确。

22. 答案：A

解析：选项 A 属于战略钟体系中的失败战略，这种战略只能在垄断行业中才能实现。

23. 答案：A

解析：选项 A，"内部控制有效性的结论：对不存在重大缺陷的情形，出具评价期末内部控制有效结论；对存在重大缺陷的情形，不得做出内部控制有效的结论"，所以选项 A 错误。

24. 答案：C

解析：企业内设机构未经授权不得办理担保业务，选项 C 错误。

二、多项选择题

1. 答案：CD

解析：选项 C 属于违背忠诚义务导致的内部人控制问题的主要表现；选项 D 属于违背勤勉义务导致的内部人控制问题的主要表现。

2. 答案：ACD

解析：成功关键因素随着产业的不同而不同，甚至在相同的产业中，也会因产业驱动因素和竞争环境的变化而随着时间变化。选项 B 的说法不正确。

3. 答案：ACD

解析：成本领先战略的风险包括：（1）可能被竞争者模仿，使得产业的盈利水平降低；（2）技术变化导致原有的成本优势丧失；（3）购买者开始关注价格以外的产品特征；（4）与竞争对手的产品产生了较大差异；（5）采用成本集中战略者可能在细分市场取得优势。选项 B 是采取差异化战略的风险。

4. 答案：AD

解析：投资回报率小于加权平均资本成本，销售增长率大于可持续增长率，应选择减损型现金短缺战略。选项 A、D 正确。

5. 答案：ABD

解析：由于市场竞争激烈，导致整个市场容量下跌，同时公司内部经营机制不顺、决策失误、管理不善等原因，公司在其业务市场难以为继，不得不采用防御措施。该公司应该采取的是收缩战略。选项 A 属于收缩战略中的紧缩与集中战略，选项 B 属于收缩战略中的转向战略，选项 C 属于发展战略中的横向一体化战略，选项 D 属于收缩战略中的放弃战略。

6. 答案：BCD

解析：平衡计分卡为企业战略管理提供强有力的支持；可以提高企业整体管理效率；注重团队合作，防止企业管理机能失调；可提高企业激励作用；可以使企业信息负担降到最少。选项 A 表述错误。

7. 答案：BCD

解析：通过对题意的分析可知，该连锁饭店采用的是适度分权型组织方式，通过分权可以将决策权分配到较低的层级，从而使组织具有较宽的管理幅度，降低管理成本；分权型组织方式减少了信息沟通的障碍，提高了企业反应能力；同时，由于基层员工享有一定的决策权，对员工有一定的激励作用。

8. 答案：ABD

解析：规模经济不属于行业进入壁垒。

9. 答案：AD

解析："顾客既可以按照公司提供的菜谱点餐，也可以自带菜谱和食材请公司的厨师加工烹饪，还可以在支付一定学习费用后在厨师指导下自己操作"属于产品开发战略。选项 A 正确。"一些新的经营方式使该公司的顾客数量和营业收入均增长 20% 以上"属于市场渗透战略。选项 D 正确。

10. 答案：ABCD

解析：风险转换可以在低成本或者无成本的情况下达到目的，选项 A 错误。确定企业整体风险偏好要考虑以下因素：（1）风险个体；（2）相互关系；（3）整体形状；（4）行业因素。选项 B 错误。重大风险的风险偏好是企业的重大决策，应由董事会决定，选项 C 错误。风险偏好可以定性，但风险承受度一定要定量，选项 D 错误。

11. 答案：CD

解析：高经营风险与高财务风险搭配不符合债权人的要求；低经营风险与低财务风险搭配不符合权益投资人的期望。

12. 答案：ABC

解析："使'员工幸福，让顾客满意'的概念"属于具有因果含糊性的资源；"建立并持续实施了一套以顾客需求为导向、充分调动员工积极性的管理体制"属于路径依赖性的资源；"该公司的技术发明专利数量……长期稳居行业前列"属于物理上独特的资源。因此，选项 A、B、C 正确。

13. 答案：AC

解析：选项A、C属于风险规避，选项B属于风险补偿，选项D属于风险对冲。

14. 答案：CD

解析：德尔菲法和头脑风暴法属于定性风险管理方法。

三、简答题

1. 答案：

（1）根据材料所述，美华公司的内部控制活动包括以下几个方面：

①财产保护控制：美华公司在办公大楼安装了24小时监视系统及门禁系统，为贵重资产采取了双重保管的保管制度。

②绩效考评控制：美华公司有一套完备的员工业绩评价体系，并将考评结果作为确定员工薪酬以及晋升、评优的依据。

③授权审批控制：美华公司规定单笔资金使用在10万元以下的，由财务总监审批，10万元以上的须总经理审批。

④采购控制：公司建立了完善的采购制度，先由采购需求方提出申请，后由相关权限部门或个人进行审批。

⑤预算控制：对预算内的采购，严格按预算执行进度办理手续；对于超预算的采购申请，在办理请购手续后，报相关权限部门或个人审批。

⑥会计系统控制：出纳人员李某负责根据资金收付凭证登记日记账，会计钱某根据相关凭证登记有关明细账和总账。

⑦不相容职务分离控制：资金管理制度中使用人和审批人分离；采购制度中采购需求方和审批人分离；财务部出纳和会计分离。

（2）①单笔资金使用在20万元以上的，由总经理审批的规定存在内部控制缺陷。《企业内部控制应用指引》中强调，企业在处理“三重一大”的问题上，即在重大决策、重大事项、重要人事任免和大额资金使用上，应当按照规定的权限和程序实行集体决策审批或者联签制度，任何个人不得单独进行决策或者擅自改变集体决策意见。

华日公司由总经理一人负责审批大额资金使用情况存在内部控制缺陷，大额资金使用审批应该由集体做出决策，互相监督和制衡。

②会计钱某根据相关凭证登记有关明细账和总账的做法存在内部控制缺陷，违背了不相容职务分离的原则。公司总账应由主管会计负责登记，而明细账应由其他会计人员负责登记，双方可以互相复核和监督，进行账账核对，减少错误和舞弊。

③在采购制度中，对于超预算的采购申请，在办理请购手续后才报相关权限部门或个人审批的做法存在内部控制缺陷。对于超预算和预算外采购项目，应先履行预算调整程序，由具备相应审批权限的部门和人员审批后，再办理请购手续。

2. 答案：

（1）该企业进军这些东南亚国家市场的动因是寻求市场。（1分）东南亚国家市场上尚无与该企业类似的产品，而消费者对这种产品有较高的需求，所以进军这些国家的动因是寻求市场。（1分）

（2）除了寻求市场之外。还存在如下动因：

①寻求效率：寻求效率的投资往往是基于两个方面的驱动因素，一是母经济体生产成本上涨，特别是劳动力成本；二是发展中国家公司所面临的竞争压力正在推动它们向海外扩展。(1分)

②寻求资源：许多发展中大国，首先是中国和印度，其日新月异的快速增长使它们担忧关键资源和经济扩展的投入将会出现短缺。(1分)

③寻求现成资产：寻求现成资产型外向投资主要是发展中国家跨国公司向发达国家投资。其主要动机是主动获取发达国家企业的品牌、先进技术与管理经验等现成资产。(1分)

(3) ①发展中国家跨国公司的对外直接投资对发展中东道国的一大优势是具有更大的创造就业机会的潜力。(1分)

②发展中国家跨国公司的技术和经营模式一般比较接近于发展中东道国公司所用的技术和模式，这意味着有益联系和技术吸收的可能性较大。(1分)

③发展中国家跨国公司在进入模式上也往往是更多地采取新建投资的方式而不是并购。在发展中东道国的投资尤其如此。就此而言，他们的投资更有可能直接推动提高发展中国家的生产能力。(1分)

3. 答案：

(1) 结构性障碍主要包括：规模经济、现有企业对关键资源的控制以及现有企业的市场优势。其中，现有企业对关键资源的控制一般表现在对资金、专利或专有技术、原材料供应、分销渠道、学习曲线等关键资源的积累与控制。

①从“由于缺乏拥有自主知识产权的药品，多年以来生产仿制药为主，其生产的医疗器械科技含量较低，难以满足用户对高科技医疗器械的需要，国内高科技医疗器械市场基本被进口产品占领。”可以看出神农公司缺乏专利或专有技术，而专利或专有技术属于现有企业对关键资源的控制范畴。

②从“与国外跨国公司相比，自己在规模及利润两个方面存在着巨大差距，在研发经费的投入方面差距更大。”可以看出神农公司缺乏规模经济效应。

(2) 新兴市场本土企业的战略选择包括防御者、躲闪者、抗衡者和扩张者。神农公司采用的是抗衡者战略。所谓抗衡者战略，即：如果企业面临的全球化压力大，而且企业优势资源可以转移到其他市场，企业有可能与发达国家跨国公司在全球范围内展开正面竞争，将采取这种战略的本土企业称之为抗衡者。

4. 答案：

(1) 2015年之前是由集中市场营销转变为差异市场营销。“专注于三四线城市经济连锁酒店经营的优尚公司意识到，不同消费群体有不同的消费需求”。2015年之后实施的依然是差异市场营销。“2015年7月，优尚公司对外发布三大新酒店品牌，标志着公司开始着手中高档酒店品牌建设”。

(2) ①审视他择产业、跨越战略群组。“除了经营酒店住宿业外，还开展了辅助业务，如在酒店大堂开设蛋糕店、面吧，在房间销售毛巾、浴巾等产品”。

②重设客户的功能与情感性诉求。“与投一产多运营模式相配套，优尚公司为顾客构建了一个生活分享平台：大堂的沙发、灯具、各种装饰，以及客房的床垫、靠枕、床单、小摆件、毛巾、浴巾、洗浴用品、水杯、家具甚至壁纸，顾客只要是体验后喜欢的，都可以通过手机扫描二维码下单购买”。

③放眼互补性产品和服务。“与生产经营家电、金融、旅游、家居、智能门锁的五大行业巨头达成品牌合作。通过强强联合，增加信用住宿、无息贷款、投资扶持、微信开锁等功能，优尚公司的酒店生态更加开放，为酒店行业发展探索新的契机”。

④跨越时间。“优尚公司将旗下的中高档酒店蓝港公寓定位于互联网智能公寓，引领时代潮流。公司引入 O2O（即 online 线上和 offline 线下）模式和酒店式标准化管理，推广住宿、社交、管家式生活服务的酒店模式”。

四、综合题

答案：

（1）加德士的战略是面向那些愿意为服务支付较高价格的“服务导向型客户”。虽然公司的产品是商品化产品——汽油，不过公司希望通过其下属加油站提供的服务体现产品差异性。那么计分卡是否代表了加德士的战略？总的来说是的。计分卡的重点是由产品差异化所带来的流程改善、质量、市场份额以及财务业绩变化等衡量指标。虽然后面所布置的问题引出了一些不足，但如果不考虑这些问题，这个平衡计分卡还是强调了产品差异化战略的实施。

既然计分卡的设计较为合理，那么加德士公司 2010 年度的实际运营情况相对其战略如何呢？从计分卡上看，加德士公司的战略实施较为成功。公司达到了财务、内部业务以及学习和增长各方面的预期目标。公司唯一没有达标的是客户方面的市场份额指标。这里的基本情况是衡量“在整个汽油市场中的市场份额”而不是“服务导向型客户细分市场中的市场份额”，因此未能达到这个目标也就不会像当初显得那么严重。

（2）是的。加德士应该在学习和成长方面增加一些员工满意度和员工培训的衡量指标。加德士的差异化战略以及收取高价的能力是建立在客户服务基础上的。建立良好、迅捷和友善的客户服务的关键是受过良好训练并感到满意的员工。未经训练并感到不满意的员工在与客户进行沟通时不会产生良好的结果，只会导致战略的失败。因此，员工培训和满意度就对加德士公司的战略实施至关重要。这些衡量指标是衡量公司能否成功实施其战略的首要指标，所以应该加到平衡计分卡上。

（3）加德士公司的战略是关注那些 60% 的服务导向型汽油消费者，而不是 40% 的“货比三家者”细分市场。加德士必须衡量其目标细分市场的市场份额才能评估公司的战略是否得以成功实施。鉴于公司的战略，如果公司在“货比三家者”细分市场上失去了市场份额，那也没什么关系。实际上，收取溢价很可能会导致公司在这个细分市场上的份额降低。加德士应该将平衡计分卡客户指标中的“在整个汽油市场中的市场份额”更换成“服务导向型细分市场中的市场份额”。加德士也可以考虑把客户满意度指标放到计分卡上。这个指标将是客户对设施、便利店、员工沟通以及快速服务的反应的综合评价。客户满意度指标可以成为服务导向型客户细分市场中的市场份额的衡量指标。

（4）虽然现有计分卡上的内部业务流程指标和客户指标之间存在一定的因果关系，但加德士应该增添更多的指标以加强两者之间的关系。尤其是现有的计分卡只强调炼油厂经营，而忽略加油站经营。加德士应该增添加油站业绩的衡量指标，例如设施清洁度、加油泵周转时间、便利店的购物体验，以及员工提供的服务等。许多公司对其设施进行不定期检查以衡量他们的分支机构和零售网点的业绩。这些指标可以成为加德士目标细分市场中客户满意度和市场份额的主要指标。

（5）加德士公司在计分卡财务方面没有衡量生产率提高而导致的经营收入变化。这是正确的。加德士的战略是通过在客户服务上收取溢价来实现增长。计分卡指标注重的是公司在实施这个战略上的成功性。人均生产率提高对加德士的战略来说并不关键，因此不必在计分卡上进行衡量。